J.-F. VAUDIN.

GAZETIERS ET GAZETTES

HISTOIRE

CRITIQUE ET ANECDOTIQUE

DE LA

PRESSE PARISIENNE

ANNÉES 1858-1859

PARIS

EN VENTE CHEZ TOUS LES LIBRAIRES

1860

LES ADIEUX

DE FIRMIN MAILLARD

MON CHER VAUDIN,

Je relis votre lettre; quoi! vous voulez que j'explique au public pourquoi je ne continue plus mon HISTOIRE DE LA PRESSE PARISIENNE, et pourquoi c'est vous, mon ami, qui la continuez. — Entre nous, le public ne tient peut-être pas beaucoup à cette explication, et puis, il y tiendrait, que je ne me sens pas d'humeur à le satisfaire. C'est notre plaisir est ma devise. — C'était mon plaisir lorsque j'ai commencé, aujourd'hui c'est mon plaisir de m'arrêter... d'abdiquer, dirais-je orgueilleusement, si le mot n'était pas si Fontainebleau.

Un grand journal a dit de mon HISTOIRE DE LA PRESSE PARISIENNE : « En effet, le livre est l'antagoniste du petit journal; il n'en est pas l'ami. Il en est le juge impitoyable ; s'il le sauve de l'oubli, c'est pour le clouer au pilori de l'opinion publique. Et comme ce livre — qui, après tout, pourrait bien n'être qu'un pamphlet — leur dit en plissant les lèvres dédaigneusement : « Ainsi meurent les feuilles légères, qui n'ont ni » esprit, ni talent, ni foi, ni croyance, qui sont rédigées par des ex-» bottiers, ex-perruquiers, peut-être aussi par les perruquiers et les » bottiers de l'avenir... »

Ce journal avait raison et comprenait parfaitement l'esprit de mon livre; j'ai crié avec bonheur sur tous les toits possibles, ce que je pensais de la petite presse d'aujourd'hui, afin, surtout, de ne pas être accusé de complicité. Je considérais cet acte comme un devoir; — j'y ai satisfait.

Comme Jérémie, je leur ai montré l'abîme dans lequel les entraînaient leurs iniquités ; comme Jérémie, ma voix s'est perdue dans le désert. Tartinet du Mouton enragé, Copinot de la Chandelle humanitaire, et Tirlipiton de la Casquette de Loutre, m'ont répondu crânement : « ET DU PAIN !... » et je me suis retiré sur la montagne, tellement dégoûté des vivants que j'ai fait une Histoire de la Morgue, et qu'aujourd'hui je puis dire, comme François Chevillard, — un poëte d'avant Malherbe — :

> Je me plais aux lieux mortuaires ;
> Les gibets et les cimetières
> Me sont d'agréables séjours,
> Car ces lieux jonchés de cadavres,
> Sont autant de ports et de havres
> Où l'on prend terre pour toujours.

FIRMIN MAILLARD.

Paris, 1ᵉʳ septembre 1860.

INVENTAIRE.

Les problèmes de la politique extérieure ont le privilége d'absorber l'attention de la France. Tout ce qui se passe au delà de nos frontières donne de violentes distractions à l'opinion publique. L'âme de la nation est tout entière au dehors, et paraît suspendue aux nouvelles de l'étranger. Je ne nie pas ce que peut avoir d'intéressant, pour l'histoire du dernier carnaval monarchique, le vacarme de boucliers féodaux qu'on entend de l'autre côté de la Manche et du Rhin. La Suisse, l'Angleterre, l'Allemagne, ces trois forts premiers rôles de l'opéra bouffe de la Sainte-Alliance, chantent, avec de jolis filets de voix, le grand air de Malborough. Et cette frêle et délicate Belgique? hélas! comme elle se tracasse pour placer sa romance belliqueuse dans la symphonie anglo-teutonne! Je ne connais rien de plus élégiaque et de plus comique que l'invocation des traités de 1815 en 1860. Ces pauvres et vieux traités, de quelles génuflexions et de quelles espérances ne les entoure-t-on pas dans les harangues hystériques de M. Kingklake, dans les extravagances diplomatiques du Conseil fédéral, ou dans les Congrès honteux des Principautés allemandes! L'amour d'Orgon pour sa cassette n'est rien en comparaison des soupirs amoureux qu'ils excitent chez les gouvernements débordés par la Révolution, fondés sur l'ancien abaissement de la France, fortifiés de nos hontes et de nos larmes. Le *ranz des vaches* n'est qu'une note affaiblie à côté des mélancoliques protestations de l'école de Metternich. Quoi de plus fantastique aussi que le raisonnement de ces profonds politiques, qui ne trouvent rien de mieux, pour sauver l'Autriche, que de l'engager à se défaire de la Vénétie, comme si la monarchie des Hapsbourg n'avait pas à restituer, par la même logique, les trois quarts d'elle-même, la Hongrie, la Bohême, l'Illyrie, un lambeau de la Pologne, comme si tout acte de justice et de réparation n'était pas pour elle un suicide? On conçoit que la haute comédie qui se joue dans les salons et dans les champs de manœuvres de l'Europe absolutiste, pique l'esprit français. Pourtant il ne faudrait pas que le nuage de poussière et de fumée soulevé par des revues de riflemens, de landwehrs, de tireurs suisses et belges, et d'autres Paillasses de l'armée d'invasion, empêchât l'opinion d'observer un peu attentivement ce qui se passe à l'intérieur, dans les régions de la presse et de l'administration. Tout bon patriote remarque avec plaisir l'attitude dédaigneuse de la France impériale en face des grands hurleurs de la voyoucratie suisse. C'est avec un plaisir non moins vif qu'on a vu l'Autriche aplatie à Solferino. Mais, suivant mes humbles visées, toute la pensée française ne doit pas se concentrer dans l'examen de la politique extérieure. La surveillance de l'étranger ne doit pas s'exercer au détriment d'autres études d'une actualité palpitante. Il y a des satisfactions d'un autre genre à accorder à l'esprit de la France, des actes de justice non moins nécessaires et non moins glorieux que celui de l'humiliation de l'Angleterre et de l'Allemagne, à rendre à l'intérieur du pays. Est-il besoin de les signaler à un gouvernement qui nous a promis le couronnement de l'édifice? N'est-ce pas inutile de répéter que la France ne vit pas uniquement de victoires, de lauriers, de cantates, d'amour désintéressé pour les peuples opprimés? N'est-ce pas l'heure pour elle de songer sérieusement, après tant d'héroïques sacrifices en faveur des nationalités voisines, à l'agrandissement et à la constitution de sa propre liberté? J'ignore s'il entre dans les vues d'une politique de conservation et de progrès de multiplier, par de nouveaux camouflets à l'Autriche, à la Prusse, à l'Angleterre, les sujets de poésie guerrière, les médailles militaires, les commandes de lampions; si elle nourrit l'espoir d'ajourner, encore pendant longtemps, l'accouchement des promesses données à la presse. Ce que je sais, ce que j'ai appris par l'histoire, c'est que l'opinion publique revient un jour de ses distractions, c'est que la France moderne ne voue pas toute son âme au dieu Mars, et que, tôt ou tard, elle ramène impérieusement ses gouvernements à l'exécution complète de leurs programmes.

De quoi vous plaignez-vous? que réclamez-vous? où voulez-vous en venir? voyons, parlez! vont s'exclamer en chœur les nouveaux Satisfaits de l'époque. Vous êtes un pamphlétaire, un ennemi du gouvernement, me criera, dans sa prose la plus fleurie, le prototype de ces modernes joueurs de flûte enrôlés au service de toutes les causes triomphantes, le sieur Paulin Limayrac. Comment! vous osez troubler la sérénité de nos destins impériaux par un appel à la liberté de la presse et de l'opinion? vous n'êtes pas content de la tutelle prévoyante de l'administration? Ingrat et aveugle jeune homme! est-ce que, sous le régime actuel, nous ne marchons pas de prospérités en prospérités, de libertés en libertés, de grandeurs en grandeurs? Est-ce que je ne suis pas content et radieux, moi? Mais lisez donc mes articles astronomiques dans la *Patrie*! Mais je les dévore, ô monsieur Paulin Limayrac! mais je les trouve ravissants! mais vous pouvez être un écrivain convaincu, un grand chef de rayon dans la feuille commerciale de la rue du Croissant, un parfait converti du lendemain, vous ne serez jamais une autorité, un oracle, une infaillibilité aux yeux de la France politique et littéraire. Voilà ce qui vous désole en secret, voilà ce qui nous amuse en lisant vos drôlatiques définitions du droit et de la liberté. Comme vous, en toute conscience, monsieur Paulin, mais dans d'autres termes, sans tremper ma plume dans de l'eau de rose, je rends hommage à la bonne volonté du gouvernement à l'intérieur, à sa ferme et glorieuse attitude à l'extérieur. J'ai vu, avec une vraie satisfaction, que vous aviez fait dernièrement un excellent voyage à travers les populations de nos départements, que les applaudissements qui saluaient votre cocarde étaient aussi spontanés et aussi sincères que ceux qui s'adressaient à votre compagnon de route et d'exploits politiques, M. Alcide Grandguillot. Vous me paraissiez jouir, derrière les équipages de Sa Majesté, d'une heureuse santé, malgré les chutes fréquentes de votre esprit d'historiographe et votre zèle à tout casser. Vous me croirez si vous voulez! je faisais des vœux, à chaque lecture de la *Patrie*, pour la conservation et l'embellissement de cette santé si chère aux lettres. La prospérité matérielle de la France est aussi pour moi de toute évidence. Notre mécanisme administratif excite, à un haut degré, mon admiration. Quand j'ouvre l'*Annuaire international de Crédit public*, publié par M. Horn, où je vois que le budget monte, cette année, à dix-huit cent vingt-cinq millions huit cent cinquante-quatre mille trois cent soixante-dix-neuf francs, je me pénètre de mon importance de citoyen d'un pays qui paie une aussi jolie somme. Quand je lis après cela, dans les papiers publics, des réclames pour la Caisse de secours des artistes qu'on ne remplit jamais assez, tant l'art engendre la mendicité, je me dis : que voilà une patriotique invention, et qu'il est beau de permettre aux artistes de promener leur sébille au milieu de notre richesse nationale! J'ai appris, en lisant M. Delamarre, votre patron, à connaître et à admirer notre merveilleux système de chemins de fer, de crédit mobilier, de docks, de fourneaux économiques, de bouillons de charité et de drainage. Enfin, la récente institution d'un tir national français, à l'instar de ceux de Belgique, de Suisse, d'Angleterre, va parachever, je l'espère, la brillante éducation militaire de nos gardes nationaux. C'est assez vous dire qu'aucun progrès n'échappe à mon attention de journaliste patriote. Vous voyez donc bien que je ne suis pas un anarchiste, un esprit ombrageux et taquin, puisque je rends justice aux intentions et aux actes du pouvoir, puisque j'attends patiemment la grande distribution de liberté qu'il nous a promise à nous autres soldats de la pensée, puisque je souris en vous lisant, ô monsieur Limayrac! Moi, un ennemi du gouvernement? parce que je ne pense pas toujours comme la censure, parce que je ne nage pas dans vos principes, parce que je me permets, dans les limites de mon droit de critique et de citoyen, de n'être pas toujours d'accord avec les doctrines de l'administration, parce que je ne puis louer que la forme littéraire dans le dernier discours de M. le conseiller d'État, prétendant que la liberté de la presse est antipathique à l'opinion! Moi, un révolutionnaire, un utopiste? Oh! le vieil argument! oh! la pauvre calomnie! Qui le croira quand on m'aura vu ici déshabiller et fouetter les hontes, les singeries, les idolâtries du journalisme contemporain? Moi, me poser en martyr comme M. Charles-Louis Chassin, ou en pleureur comme M. Eugène Pelletan? Jamais! Moi, reprendre la banale chanson de l'opposition démocratique et sonner d'éternelles accusations contre l'autorité? Allons donc! je ne me plains pas, pour mon propre compte, de ma somme de liberté. Je la trouve même assez jolie, et vous allez voir que j'en use. Mais ces explications données et ces réserves faites, je persiste à séparer mon idéal de progrès du vôtre, ô monsieur Paulin Limayrac, à croire, en dépit de vos professions de foi funambulesques, que la France a encore quelque chose à désirer et à obtenir de son gouvernement. Il est clair qu'il y a à s'occuper un peu moins du noble exercice des armes, et un peu plus du développement pratique de nos libertés. La question extérieure, je le répète, ne doit pas dominer la question intérieure. L'Empereur a dit : « Pour que l'Europe soit paisible, il faut que la France soit satisfaite ! » Oui, sans doute ! mais cette satisfaction ne consiste pas essentiellement en réglements de comptes avec l'ennemi. Sébastopol et Solferino peuvent passer pour deux rudes leçons données à l'Europe absolutiste. Cependant, la France, à cette heure, est loin d'être satisfaite ! Pourquoi ? que lui faut-il de plus ? La reprise de ses frontières naturelles, la revanche de Waterloo, la ruine de la mercantile Albion ? Tout cela est dans l'ordre de la justice politique et dans l'inéluctable programme du destin. Mais, après cette grande liquidation, la France sera-t-elle arrivée aux termes de ses désirs ? Non, monsieur Paulin Limayrac ! Pour que sa satisfaction soit complète, il faut qu'à l'intérieur l'œuvre de réparation et de progrès soit parallèle à celle que l'Empire fait triompher à l'extérieur ; il faut que l'exercice du droit intellectuel ait les mêmes priviléges et les mêmes honneurs que l'exercice des armes ; il faut que notre liberté soit adéquate à notre gloire.

Parmi les questions qui brûlent toujours et qu'on ne s'empresse pas d'éteindre, parmi les problèmes que les gouvernements traînent, depuis soixante ans, à leurs trousses comme des boulets, apparait, au premier titre, la question de la liberté de la presse ; se dresse, à tout propos, le problème de son organisation. Malgré la torpeur de l'opinion, malgré la béatitude des écrivains du *Constitutionnel* et du *Pays*, malgré les cantilènes d'un journalisme bâtard, qui croit pouvoir endormir les esprits et les consciences, cette question-là reste debout, vivante, imminente, inévitable. On a beau la mettre à la torture du régime administratif, elle conserve, sous les paperasses de la bureaucratie, son intégrité et sa vigueur. On a beau l'ensevelir dans de magnifiques dédains oratoires, la claquemurer dans le veto des raisons d'Etat, elle surgit, dans toute sa souveraineté, sur la surface des temps et des mœurs, elle plane sur l'artifice de ces harangues, elle renverse ce système d'embaumement, et, un jour, elle éclate au nez de ses escamoteurs. C'est le feu grégeois qui a dévoré plus d'un nauf politique, c'est l'ombre de Banco pour les pouvoirs monarchiques ou démocratiques, c'est le remords, *atra cura*, des gouvernements qui doivent la vie à ce principe qu'ils ont mutilé ou renié plus tard. Il est de mode dans la plèbe des journalistes qui font grève, chez les petits bonshommes de lettres qu'on voit rôder, en costume de Bélisaire, autour des bureaux de nos feuilles de chou, de clabauder et de vociférer en l'honneur de la liberté de la presse. Il est aussi d'usage antique et solennel, chez les anciens partis, tombés en déconfiture à la suite de leurs excès de satisfaction, de leurs dénis de justice et de liberté, d'invoquer toutes les furies de l'éloquence républicaine en faveur de ladite liberté, et de combiner à son intention, au sein des académies, un réquisitoire contre les pouvoirs nouveaux. Dieu me garde de ces enthousiasmes irréfléchis et de ces tendresses bouffonnes! Dieu me préserve toujours des défaillances mortelles d'une fraction de journalistes qui ont mis à l'ordre du jour la peur et l'obéissance de caserne! Je sais ce que valent et ce que durent, en matière de religion politique, les écoles d'admiration. Je m'incline, avec une foi placide devant le principe de cette liberté qui a déjà traversé de violents et longs orages, et qui survivra intact aux foudres de MM. de Cassagnac et Grandguillot. Avec la France qui pense et qui lutte, qui étudie et qui espère, je crois à son triomphe et à son application dans l'avenir. Cela doit être, cela sera, parce que nous ne pouvons pas avoir souffert et combattu, pendant des générations entières, pour un fantôme, parce que l'esprit humain n'abdique pas ses droits, parce que les gouvernements sont tenus, sous peine de déchéance, de résoudre tous les termes de ce problème. Mais ma foi en l'avènement futur de la liberté de la presse n'éblouit pas ma raison et ne fait pas taire ma pitié devant le spectacle du journalisme contemporain. Ma critique ne peut s'empêcher de dresser le bilan sommaire de ses capitulations et de ses impuissances. Examinons un peu l'état actuel de la presse, voyons ce qu'elle fait de la liberté qu'on lui donne. Nous verrons après si elle est digne aujourd'hui de la liberté qu'elle réclame. Descendons dans son labyrinthe. Eclaire-moi, ô muse d'Offenbach! afin que je ne perde pas le fil des pantins qui s'agitent dans ses coulisses. Accorde ma guitare, ô harmonieux Commerson! afin que je chante ma romance à la mère nourricière de tant d'idiots. Sois mon égide, ardent amour de la vérité!

La petite presse se meurt, la petite presse est morte! Elle est morte d'une niaiserie goîtreuse qui l'a envahie de la tête au cœur. Elle a rendu l'âme dans le lieu-commun, dans le ruisseau, dans le ridicule, sur la paillasse de la pauvreté, sur une litière d'âneries. Elle avait attrapé la vermine avec les femmes du quartier Latin, ses Egéries; pâle, inerte, usée, méprisée, sans voix, sans crédit, elle a succombé devant le public et devant l'imprimeur! Des gens prétendent qu'elle est morte, faute d'air et de liberté. Hélas! pourquoi faire, de l'air et de la liberté, à la honte, au vice, à l'agonie? Dites plutôt, faute de courage, de croyance, d'esprit et de cœur, faute de littérature. Ni les femmes des brasseries, ni les marchandes du boulevard, ni les figurantes des *Folies* et de *Bobino*, ne l'ont pleurée. Ingrates ! Nos célèbres drôlesses de *Bullier*, du *Casino*, du *Concert Musard*, de *Mabille*, chantées aujourd'hui dans l'*Indépendance*, n'ont pas même suspendu un instant le rhythme de leurs danses macabres pour saluer le dernier soupir de celle qui leur a fait tant de réclames insensées; seuls, les oisillons du café des *Variétés* ont jeté un cri d'alarme. Ah ! elle est bien morte ! Il y a quatre ans, la petite presse semblait vouloir revivre. De tous côtés elle dressait des tribunes, elle enrôlait des combattants, elle agitait des drapeaux. On aurait pu croire à un symptôme de renaissance, à un accès de jeunesse. Festons et astragales ! couleurs et chansons ! Toute cette guerre a rapporté peu de lauriers, assez de procès, beaucoup de déficit. Toute cette vie factice a passé comme une chandelle. Depuis, les évocations de la morte n'ont pas manqué. Les nécromanciens abondent sur la place. Un des derniers, M. Arthur Ponroy, a inventé le *Nouvel Organe*, et le *Nouvel Organe*, — un bien riche titre cependant ! — n'est qu'un cataplasme ! et la petite presse ne tressaille pas à l'inoculation littéraire de M. Ponroy. Il n'y a plus à songer, avant longtemps, à sa résurrection. Qui sait encore si elle ressuscitera, si ce n'est pas fait pour toujours de sa bruyante domination sur le salon et sur le théâtre ? Qui vivra verra. Mais aujourd'hui, c'est folie de croire qu'avec de la littérature sérieuse, de la poésie, de l'art, il soit possible de réveiller le goût et la passion de l'opinion publique, de renouveler les grands jours du romantisme. Notre monde affairé ne lit plus, en courant, que le bulletin politique et la cote du commerce. La Muse aurait tort auprès de ce bourgeois condensé dans sa matière et grelottant devant l'avenir. M. Prudhomme n'a plus qu'un livre, l'horizon ! Alors, que voulez-vous que fassent à ce scepticisme induré, à ce matérialisme recuit, les fadaises et les caquettages sans nom de la petite presse du jour ? En vérité, je vous le dis : Madame se meurt, madame est morte ! *Figaro*, qui a été de toutes ses noces, est aujourd'hui de l'enterrement.

La grande presse politique a recueilli les épaves de la petite presse littéraire. Elle a donné asile à quelques jeunes écrivains qui ont surnagé sur le flot incolore. La masse des plumitifs de ces deux dernières années, sans besogne et sans talent, écule ses chausses sur le trottoir. Cette annexion de quelques premiers prix d'éreintement, sortis de la petite presse, n'a pas augmenté, à ce qu'il paraît, la considération et l'autorité de la presse politique. Elle n'a de grand que son format. Malheureusement, elle ne songe guère qu'à l'exagérer, en vue de l'annonce. *La Patrie*, par exemple, est à l'apogée de cette grandeur. Triste ! triste ! Plus le format s'élargit et s'allonge, et plus l'idée diminue, plus le journal baisse dans l'opinion et devient petit devant les événements. Il ne faut pas se le dissimuler, la presse politique est sans initiative, sans autorité dans les circonstances actuelles. On y cherche la nouvelle, le fait divers, l'anecdote, la dépêche télégraphique, voilà tout. On ne la prend plus pour arbitre dans les jugements de la politique, on écoute plutôt la Bourse, on ajoute plus de foi au bavardage d'un coulissier qu'à l'article raisonné d'un homme d'état du journalisme. Si je fais une exception pour MM. Grandguillot, de Cassagnac, Havin, Limayrac, qui ont un public spécial de croyants et de fidèles à tous crins, dans la bourgeoisie et dans la bureaucratie, je trouve que le reste de mes confrères n'exerce qu'une médiocre influence sur l'esprit public. Le peuple dit, dans son langage narquois : le papier se laisse écrire. L'aristocratie boude et dédaigne le gazetier. *La Gazette de France*, *l'Union*, vieilles mégères qu'on laisse batifoler au pied de l'autel et du trône ! l'*Opinion nationale*, tricoteuse d'articles démagogiques! *La Presse* garde bien encore un glorieux reflet de son passé, grâce à Nefftzer et Peyrat, mais elle a roulé par trop de mains, et elle est pilotée dans les eaux troubles du libéralisme ! Le *Courrier du Dimanche*, un glorieux sceptique ! Le *Journal des Débats* se dresse, au milieu de ces variations, de toute la hauteur de ses doctrines et de ses fidélités. Seul, il a conservé sa ligne, sa tradition, sa noblesse littéraire, sa suprématie de style et de bon goût. De Sacy, Philarète Chasles, Jules Janin, Prévost-Paradol, Saint-Marc Girardin, Cuvillier-Fleury, Taine, Renan, et d'autres maîtres de l'art de bien penser et de bien dire, sont là : pléiade d'esprits charmants et de consciences sereines ! Mais tout le monde ne comprend pas ce français-là, cette délicatesse et cette durée de convictions. Le *Journal des Débats* est un *Port-Royal* au milieu de notre athéisme politique. Son idéal de gouvernement est en arrière, et la presse libérale doit chercher le sien en avant. Enfin, nulle part, dans aucun parti, un journal qui exerce de l'empire sur l'esprit public, qui le devance, qui le crée, qui le mène! Son rôle d'initiateur et d'éducateur est à peu près fini. Il y a divorce éclatant entre la presse et l'opinion. Celle-ci n'est plus l'œuvre de celle-là. A qui la faute? D'où vient cette scission? Certains esprits forts, qui font métier de tout rapporter au progrès, diront que c'est parce que l'opinion est arrivée à sa majorité ! Oh ! l'affreuse sornette démocratique ! Mais jamais l'opinion n'a été plus faible, plus indécise, plus flottante, plus servile, plus esclave, plus inconsciente que de notre temps. L'opinion majeure et libre? Voyez donc un peu ses palinodies et ses superstitions ! Voulez-vous que je vous la dise tout haut, sans ambages, la principale cause de ce dépérissement et de cette abdication de la presse politique ? Elle est déchue aux yeux du pays, elle est narguée par l'opinion, parce qu'elle est tombée au-dessous des faiblesses et des servitudes de cette dernière. La lumière a pénétré dans l'officine du grand journal. On sait ce qui entre dans la cuisine de ses articles, quels sont ses manipulateurs, ses ouvriers à la tâche. Un journal politique n'est plus qu'une entreprise commerciale, une maison de banque, une boutique. Sa politique a pour but suprême de distribuer de gros dividendes. La rédaction est sous la haute coupe de l'administration. Le rédacteur en chef est souvent un banquier ou un industriel. Aussi quelle économie sur la rédaction et sur les rédacteurs, sur le papier et sur les idées! « Sauvons la caisse! » tel est le mot d'ordre de la direction. Attention aux articles trop bien faits, vigoureux, français, indépendants! L'actionnaire miaule, crie, menace, quand on dépense trop d'âme et trop de littérature dans sa feuille. Et l'avertissement, et l'amende, et la prison, et la suppression? me direz-vous. Ah! c'est vrai; j'y songeais, mais avec ce système d'économie, de tricherie, de couardise, de capitulation, que devient la mission de la presse? que devient l'honneur de l'écrivain? Depuis l'accaparement du journal politique par la Finance et l'Industrie, nous voyons ses actionnaires et ses directeurs s'enrichir; mais qu'est-ce que palpe le journaliste proprement dit? des séries de déboires, d'affronts, de rebuffades. Sauf quelques rédacteurs, sérieusement appointés, moins pourtant que Dumaine ou Rigolboche, le grand nombre ne vit que d'honoraires insuffisants, mesquins, honteux. Rien n'atténue cette ironie, rien ne dédommage le journaliste des plaisanteries du caissier. Les traditions élégantes se sont évanouies. Pendant longtemps, le *Journal des Débats* a fait payer ses rédacteurs à domicile. C'était une manière délicate de les dispenser de demander de l'argent: ce qui est toujours ennuyeux. Je ne sais pas si cette louable coutume existe encore aux *Débats*, mais ailleurs on ne la connait pas. Il faut aller à la caisse, souvent il faut courir après ! Qu'on vienne donc après cela nous vanter la baisse d'abonnement! Certes, les hommes de lettres, froissés dans leur amour-propre, exploités dans leur talent, paient cher la révolution opérée dans le prix des journaux. La jolie invention que celle du journal politique quotidien à quarante francs par an ! Cette réforme aide, dit-on, au progrès des lumières. Chez qui, s'il vous plait? chez les portières les marchands de bonnets de coton, les fleuristes, les modistes, qui polluent leur intelligences dans la lecture des romans du vicomte Ponson du Terrail. Jamais les journaux ne seront assez hors de prix pour ce peuple-là, avec ces romans-là. Les annonces nous permettent de réduire ainsi l'abonnement, soupirent hypocritement les gérants. Et aussi, messieurs, le prix réduit de la copie, l'abaissement de la main-d'œuvre, la misère des lettres ! Continuez vos boniments, ô gérants adorables! l'écrivain sérieux qui vous jette vos marchés à la face trouve sa vengeance. Est-ce qu'on ne sait pas, jusque dans la guinguette, ce que coûte et ce que vaut, littérairement et arithmétiquement, chez vous la signature ? On connait vos mannequins, vos hommes de paille, vos souffre-douleurs, vos bonshommes au rabais. Croyez-vous en imposer à l'opinion, avec cette valetaille qui signe, à droite et à gauche, souvent sans avoir lu, souvent sans comprendre, l'article pompeux, l'éloge, la critique, l'attaque, la rétraction, suivant les nécessités du moment? Et vous osez rire du troupier, le comparer à une machine? Mais ce soldat d'un sou, que vous traitez d'agent de la force, sert mieux que vous la grande cause du droit et de la liberté. Il se bat, il se sacrifie, il meurt vaillamment sous son drapeau. Et vous, messieurs les dispensateurs de la manne politique à prix réduit, vous, les voyants, les oracles, les pontifes et les financiers du grand journal, quelle est donc votre part d'héroïsme et d'honneur dans l'immense drame qui se joue aujourd'hui en Europe? Quelles sont les émancipations que vous avez obtenues? A quelle rénovation féconde avez-vous attaché votre nom? Vous enfournez des articles sans fin sur la Révolution, sur le pape, sur l'Autriche, sur les jésuites, sur les Hongrois, les Polonais : est-ce là tout votre apport à l'œuvre active de la liberté, toute votre intervention en faveur des peuples? Allons, faites mieux, je vous en prie ! Donnez les vivres de route à vos petits mercenaires, à cette bande d'expéditionnaires qui n'ont rien de l'homme de lettres et du journaliste, achetez-leur des capotes et des souliers, à ces drôles. Envoyez-les en Sicile, à Naples, en Hongrie, en Pologne, à Kossuth, à Garibaldi, à tous les diables. On pourra peut-être en faire des cuisiniers de cantine et des brosseurs d'officiers. Mais, pour l'honneur du journalisme, messieurs les financiers, débarrassez-nous de ces ilotes. L'opinion publique, le monde littéraire, protestent contre l'esclavage que vous avez organisé dans la presse.

L'éclosion des journaux, pendant ces deux dernières années, a été lente et généralement chétive. Cependant la ponte a été considérable, les programmes n'ont pas manqué de chaleur, les promesses de primes se sont étalées sur toutes les murailles. Fatalité ! le commanditaire entouré de ces séductions a rarement voulu gober l'amorce ! Sa foi s'en va aussi. La question d'argent a été la question romaine de ce journalisme quêteur. Hâves et penchés, les fondateurs de gazettes périodiques ont arpenté, en tous sens, les boulevards, les cabinets d'affaires, les boutiques de prêteurs à la petite semaine, et on a ri de leurs féroces illusions. Ils ont frappé à la porte dorée de Mécènes ?

Mécènes n'y est pas, a répondu Echo sous la forme d'un valet de chambre.

En parcourant le catalogue des journaux publiés depuis 1858 et 1859, on pourrait se faire une triste opinion du mouvement intellectuel de notre pays, si l'on ne savait pas que la pensée et la dignité des lettres sont ailleurs. L'étranger qui nous observe jusque dans les moindres phénomènes de notre activité, nous fera l'amitié de ne pas prendre pour un épuisement de notre génie littéraire ce qui n'en est que la parodie ou l'excroissance. Victor Hugo, George Sand, Lamartine, Proudhon, sont aujourd'hui pour la France littéraire d'assez bons répondants. Dans cette kyrielle de feuilles de tous formats et de toutes couleurs, on ne note pas un seul journal qui accuse des tendances sérieuses en littérature et qui repose sur des convictions profondes. Toutes ces feuilles sentent l'argo, la coterie, le moisi. Dans celles consacrées au théâtre, il y a surtout une violente odeur de caque! Ce qui domine dans le nombre, c'est le journal industriel. L'industrie la plus crasse se fourre jusque dans les feuilles dédiées à la religion et à la famille. Sous prétexte d'orner le cœur des enfants, de charmer l'esprit du foyer, des entrepreneurs de feuilles à cinq et à dix centimes écoulent hebdomadairement sur la France, par centaines de mille exemplaires, un tas de romans ineptes, depuis ceux de Ponson du Terrail jusqu'à ceux d'Emmanuel Gonzalès. Cette littérature à un sou le paquet obtient la vogue. On ne lit que cela dans les ateliers, les loges, les offices. A côté, s'étiolent les journaux de science, d'art, d'agriculture, les publications basées sur une réelle utilité. Quant au journal foncièrement littéraire, je n'en vois pas le plus mince spécimen. Ce sera bientôt aussi difficile à déterrer que le vase étrusque dans la campagne romaine, ou que l'immutabilité des convictions politiques chez M. Granier de Cassagnac.

Cependant il y a de nombreux essais de journaux littéraires. La poste charrie une cargaison de feuilles hebdomadaires qui portent, à leur frontispice, ces redondantes épithètes : artistiques, critiques, satiriques, biographiques ! Sur la recommandation de leurs propriétaires, les garçons de café les étalent avec un sourire de pitié sur les planches. Il est même assez amusant d'assister à la genèse et à la manigance de ces journaux illustrés. Aujourd'hui ils ont pour pères nourriciers des clercs de notaires ou d'avoués, des carabins flâneurs, des calicots luxurieux ou des fils de famille débridés. Telle est la base et le berceau de l'entreprise. La raison sociale est celle-ci : lâcheté et polissonnerie. Le conseil de direction et de rédaction s'assemble dans des bureaux meublés de canapés d'occasion, d'employés habitués à toutes les privations et de gérants impossibles. Une chose à remarquer, c'est que tous les journaux, qui annoncent beaucoup et qui ne donnent rien, se paient le luxe de la tapisserie et de la domesticité. La séance est ouverte : on ne sait pas le premier mot du métier, on a encore le duvet de la petite bête sur les joues, on n'a jamais eu que des fièvres de collégien et des battements de cœur d'adolescent, en train de faire craquer ses habits trop courts; on est gauche, ignare, ridicule, mais on prend la solennelle résolution de faire un journal littéraire, satirique, un journal qui matera les directeurs de théâtres et qui télégraphiera aux actrices les lois de l'art à la scène et à la ville. Ordinairement quelques vieux journalistes, qui ont rôdé dans tous les tripots de la vie d'artiste, assistent, à titre de conseillers honoraires, à la rédaction de ces protocoles. Après quoi, la jeune clique se partage l'empire du chantage et l'exploitation des différents théâtres : chacun a sa passion ! A moi la brune, à toi la blonde. Ces gaillards ont à leur arc plus d'une ficelle. Le pseudonyme et la particule nobiliaire les aident à attaquer la place. La particule fait bien aux yeux de l'ingénue. Le pseudonyme est d'une grande ressource. Sous le masque, le gandin débite plus à l'aise ses énormités. Sans cela, le soufflet et le coup de pied du passant pourraient subitement interrompre son discours. Sous le masque, il voit venir l'ennemi ; il a le temps de sauver d'une avanie la fleur de sa jeunesse. Aussi l'emploi du pseudonyme dans ces petits journaux soi-disant satiriques, consacrés aux théâtres et aux beaux-arts, est de plus en plus fréquent. Quand, par hasard, un cartel leur arrive, la farce éclate alors dans toute sa splendeur. Ces marmousets, qui ont piétiné sur toutes les règles de la critique, qui ont insulté, à droite et à gauche, avec des airs bravaches, se mettent à crier qu'on attente à leurs droits d'écrivain et qu'on veut les assassiner ! La cérémonie des explications est d'un grotesque indéfinissable. Il n'y manque qu'un notaire pour recueillir le vœu des mourants. Une remarque : plus la peau d'un homme est sale, et plus il y tient. Écoutez ces faquins mis dans l'alternative de faire amende honorable ou de se battre ; leur poltronnerie prend toutes sortes de précautions, d'attermoiements. Ils invoquent, pour temporiser avec le devoir, toutes les lois hypocrites du savoir-vivre. Je crois que, s'ils y songeaient, ils feraient appel à un congrès européen. Ils se mettraient volontiers sous la sauvegarde de l'Hercule du Nord. Ah ! Jocrisses !...

La dernière campagne de l'armée française en Italie nous a valu, outre l'admiration craintive de l'Europe, l'annexion de la Savoie, du comté de Nice, et les cantates de M. Léopold Amat, un débordement de Tyrtées. Pendant ce glorieux semestre, les journaux de la guerre ont pullulé. Quelle foire aux cancans et aux rébus ! quelle consommation de papier de pacotille, pour célébrer nos exploits ! Que j'en ai vu naître et mourir de ces feuilles prétentieuses et de ces écrits sybillins! Que de calembours atroces et de massacres du bon sens commis au nom de l'Italie! Quand la majesté des temps conseillait à tous les écrivains la dignité du langage, l'atticisme de l'ironie, une bande de bateleurs, déguisés en journalistes, lançait d'innombrables âneries contre le Tudesque. Jamais la petite presse n'a été plus pauvre d'esprit et de bravoure qu'en ces jours d'héroïsme. Comme le journal prétendu littéraire, qui a recours à la photographie pour masquer l'indigence de sa rédaction, le journal de la guerre employait la vignette et la charge. A la conclusion de la paix, malgré les spécifiques de l'illustration, une violente épizootie se déclara dans cette famille de journaux. Du reste, dans plusieurs régions de la grande presse politique, le niveau des idées et du langage n'était guère plus élevé! L'esprit de ses écrivains solennels a rivalisé souvent avec celui qui ravaudait le long de nos victoires.

Eh bien! oui, la décadence du journalisme est profonde; il devient la risée des bourgeois. On secoue partout la tête sur son bégaiement et son mercantilisme; on ne s'intéresse même plus à ses polémiques intestines, tant elles découlent de sources vaines, tant elles reflètent le triste état de ses mœurs. La solidarité n'existe plus entre collaborateurs. C'est à qui intriguera servilement auprès d'une direction pour placer la plus grande quantité d'articles. Ote-toi de là que je m'y mette! Courir la copie, faire de la copie, attraper l'écu de cent sous par tous les moyens, voilà l'unique préoccupation de la majorité. Va te promener, la pudeur, la loyauté, la confraternité, l'étude sérieuse, l'idée indépendante, la responsabilité de l'écrivain! Comptons nos lignes! tel est le cri d'ardente inquiétude qu'on entend dans presque toute la presse; on n'y vient plus pour lutter, on y vient pour manger! Pas l'ombre d'esprit d'association! Les négociants en vins, en tissus, en suifs, les banquiers, les fripiers, les marchands de peau de lapin, les ménétriers de barrière, ont leurs corporations, leurs cercles, leurs codes particuliers. Les journalistes errent en dehors de toutes les attractions d'un intérêt commun. C'est la caste déchue et nomade qui a perdu sa puissance augurale et ses tabernacles. Jadis le journal était un testament. Les plus grands souvenirs de la littérature militante y sont gravés. Des générations d'écrivains illustres y ont laissé le meilleur de leur âme et de leur renommée. A cette heure, le journal n'est presque plus qu'un livre d'hôtellerie ouvert à tout venant, bariolé de noms insignifiants ou usés, d'articles souvent protestés par l'opinion et les événements. La rédaction n'a plus de corps, plus d'unité, plus d'harmonie. La loi de la signature a ruiné dans le journal le boulevard de l'indépendance de la pensée et son homogénéité. Cette loi est une menace à la liberté d'esprit, et elle fait du journal une mosaïque. Derrière le nom, le lecteur voit l'homme. La vérité perd ainsi sa force, son prestige, ses priviléges, et le journal, très-souvent ses rédacteurs! Enfin, quand on songe froidement que la *Nouvelle*, de M. Amédée de Cesena, a la prétention de ressembler au *Times*, et le *Monde* à l'*Univers*; que M. Grandguillot se croit un homme d'Etat, et M. Limayrac un rédempteur de la démocratie; que le *Siècle* est une puissance; que M. Havin est une majesté; que M. Bonneau, de l'*Opinion nationale* et de la crémation, fait des vers; qu'il n'y a plus de gaîté française que chez MM. Cogniard, de Jallais, Blum et quelques autres vaudevillistes fossiles de cette force-là, est-ce qu'on peut s'empêcher de frémir, est-ce qu'un peuple qui applaudit à ce spectacle est bien sûr de toutes ses facultés mentales? Oui, tout cela est lamentable; mais il y a dans la société des classes encore plus dépourvues de liberté et de moralité, de croyance et de courage, que celle du journalisme. Où sont-elles ? Cherchez ! Me croyez-vous assez naïf pour descendre dans l'histoire de toutes nos misères littéraires et sociales ? Quelques jours avant de plaider pour moi en Cour d'appel, dans le procès d'un duel qui m'a valu un mois de villégiature dans le quartier Mouffetard, Jules Favre me disait à peu près en ces termes : « Je vais vous donner un conseil que vous ne me demandez pas : Modérez votre passion d'écrivain ; mettez toujours de l'indépendance dans votre critique, de la noblesse dans votre ironie. Quand vous immolez quelqu'un ou quelque chose sous votre plume, que le sacrifice soit consommé avec art. Relisez Pascal. » J'ai tâché de suivre les conseils du grand orateur. J'ai relu Pascal, et Molière, et Beaumarchais, et les discours de M⁰ Jules Favre. Dans ce rapide inventaire du journalisme, j'ai dû, plus d'une fois, ne pas porter en compte des trouvailles qui ont trop provoqué mes dégoûts ; mais souvent je me suis vu forcé d'appeler certains hommes et certaines choses par leur nom. Pour être fidèle aux lois d'une critique consciencieuse, je dois donc dire que, malgré cette misère, cette débandade, cette trahison qui éclate dans nos rangs, le monde de la presse et de la littérature en général conserve encore, dans la société, sa supériorité intellectuelle, physique et morale. Les faits parlent ; la statistique est irréfutable. En dépit de l'allopathie, de l'homœopathie, de l'orthopédie, malgré les pâtes fortifiantes, les bains de Vichy, les exercices du turf, le gymnase Markowski, le monde du négoce se courbe, s'énerve, se racornit. Dans la finance, Robert Macaire a des descendants qui le surpassent. Dans la noblesse de race et dans d'autres classes privilégiées, les gazettes relèvent une assez fastueuse série de crimes et d'abrutissements. Sous ces latitudes, la fleur de l'assassinat, du suicide, du viol, s'acclimate et s'épanouit. Les gendarmes ont beau la cueillir, elle repousse obstinément. La Justice, qui a souvent à réprimer les écarts des hommes de lettres, n'a jamais motif de les vouer à l'infamie. Il serait difficile de citer aujourd'hui, dans le calendrier du crime, un seul nom ayant appartenu sérieusement à la presse. Pourtant le monde qui fournit son contingent aux prisons centrales et à leurs dépendances maritimes, a l'élégante manie de lorgner avec dédain les hommes de lettres. Habituellement, on les traite de vieux gueux et de saltimbanques. On les charge avec enthousiasme, on les condamne presque toujours. Mais les hommes de lettres, les journalistes, ceux qui sont vraiment dignes de ce nom, ont assez d'indifférence pour cette argumentation, et de temps devant eux pour se venger de ces anathèmes. C'est pourquoi je t'aime, ô Presse invincible, mère de toutes les douleurs et des derniers enthousiasmes, prêtresse du feu, toujours trahie, toujours féconde! C'est pourquoi je mets en toi mes espérances et mon orgueil. Non, tu ne peux pas être déshonorée par tes enfants, confondue dans la honte par Thémis, éternellement vaincue par la force brutale. Le marasme de la littérature, le pavot de l'optimisme, l'autocratie directoriale des financiers ne feront pas toujours de toi une paralytique. Un jour, tu reprendras l'exercice de ta magistrature politique et littéraire, et, comme autrefois, tu marcheras à l'avantgarde de l'opinion publique, des gouvernements et des peuples.

Les Spartiates des trois points du discours me réclament une conclusion. Je pourrais me dispenser de la déduire de cette critique, car elle fait corps avec elle, mais je veux plaire aux amants de la formule. Concluons donc, pour la règle académique et pour l'édification des journalistes et du pouvoir. La cause du Présent entendue et celle de l'Avenir réservée, je ne crois pas à la nécessité de donner en ce moment une plus grande somme de liberté aux journalistes. Ils ont la liberté qu'ils méritent. Supposons que le Gouvernement se laisse attendrir par leurs voix dolentes et qu'il accorde la liberté de la presse pleine et entière. Qu'arriverait-il dans l'état actuel des mœurs et des esprits? Croyez-vous que la France profiterait de l'application de ce décret, sous le consulat à vie des Havin et des Grandguillot, avec le même système de direction et de rédaction? que cette liberté féconderait ce néant? que les écrivains sans foi et sans talent auraient demain plus de foi et plus de talent? que ceux qui en ont remplaceraient immédiatement ceux qui n'en ont pas? Illusions, tant que la presse sera entre les mains de la bancocratie. D'un côté, on n'est pas mûr pour cette liberté, et de l'autre, on en est indigne. La fraction intelligente et fière du journalisme n'est pas encore suffisamment préparée, par l'étude et par l'oppression, à la pratique de ses grands devoirs, et avant tout agrandissement de liberté, la troupe des comparses et des comédiens au cachet, qui encombre la presse, doit recevoir son congé définitif. Un peu de pudeur et de silence, entrepreneurs et directeurs de journaux, qui vous plaignez d'être sous une machine pneumatique. Certes! elle ne raréfie pas assez l'espèce d'esprit et d'autorité que vous enrôlez sur vos galères. Estimez-vous heureux de ce que le gouvernement tolère la fiction de la signature et n'exige pas la démonstration de votre responsabilité morale, politique et littéraire! J'ose espérer qu'une réforme radicale, dans l'intérieur des journaux, précédera leur émancipation. Le mouvement qui s'opère chez un peuple pour la conquête de sa nationalité, doit se reproduire dans le monde de la presse pour le recouvrement de sa dignité et de son autonomie. A bas l'étranger, l'étranger à la noble profession des lettres! A bas les ducs et les archiducs fanfarons de l'interligne, les valets de pique de l'entrefilet, les welches du fait-divers ! Vive l'unité du journal ! Provisoirement, voilà les vœux que je forme en l'honneur et dans l'intérêt de la liberté de la presse. Mais de cette conclusion dirigée contre la vanité et l'exclusivisme d'un certain journalisme, on n'est pas autorisé à tirer des arguments en faveur d'un système de compression illimitée. Je ne combats pas les excès de l'arbitraire et du despotisme ici pour les glorifier là. Je suis, en politique et dans d'autres sphères, partisan de la dictature. Je crois de plus en plus au dieu de la Force ; mais je veux que la dictature soit au moins logicienne, et que le jeu de la force ait son réglement. Je réclame donc, avec toute la franchise d'un homme qui aime la solidité et l'unité du pouvoir, la fin de notre situation anormale devant l'administration et les tribunaux. La déconsidération et la démoralisation d'une partie de la presse ne serviront jamais de prétexte à l'indifférence des gouvernements, quels qu'ils soient, en matière de liberté, et n'ajouteront pas un atome aux éléments de leur puissance. Non-seulement le gouvernement actuel ne doit pas voir avec impassibilité ce délabrement, attendre que les journaux méritent, à la longue, par leur propre mouvement, la levée des scellés qu'il a été obligé de mettre sur la liberté, mais son droit d'initiative, sa politique d'affranchissement, exigent qu'il se mêle directement de leur réorganisation intérieure, qu'il aille promptement au-devant de leurs faiblesses et de leurs besoins. Me pardonnera-t-on une autre vérité que je tiens à dire sans détour ? L'heure est venue pour le Gouvernement de supprimer le journal officieux, le journal idolâtre, la feuille parasite, le lutrin de ces histrions qui ont chanté l'hymne du dévoûment à tous les modes et à tous les temps, les exercices de ces thuriféraires qui n'ont jamais éteint le feu de leurs encensoirs. L'opinion publique est blasée sur cette liturgie ; la souveraineté du pouvoir n'a pas besoin de ce cortége de fidélités nomades. Le Gouvernement doit rallier entièrement à son œuvre l'aristocratie de l'intelligence et la liberté de la pensée.

Sainte-Pélagie, septembre 1860.

J.-F. VAUDIN,

HISTOIRE

CRITIQUE ET ANECDOTIQUE

DE LA

PRESSE PARISIENNE

Le Monde commercial et industriel,
JOURNAL DE L'OFFRE ET DE LA DEMANDE.
N° 1, 4 décembre 1858. Rue de Rivoli, 128.

Le Jehan-Frollo,
NON POLITIQUE.

N° 1, 12 décembre 1858. Ce journal grotesque et non gothique avait pour unique rédacteur M. Raymond Belloc, un jeune homme qui ne se proposait rien moins que la résurrection du personnage romantique avec son *éternelle gaîté, sa verve intarissable, son impitoyable persiflage!*..... M. Raymond Belloc en a été pour ses frais de papier, d'imprimerie et son modèle de comédie étrusque qui remplissait la quatrième page de son journal. Depuis ce formidable numéro, nous n'avons plus de nouvelles de ce littérateur *en vieux*.

Le Curieux.

N° 1, 15 décembre 1858. Ce journal devait paraître *régulièrement* le mercredi et le samedi. Mort au bout de quelques numéros. Imprimé chez Claye.

Directeur : G. Noblet. Collaborateur : Heredia, Ferdinand de Vez, Louis Lefranck, Adolphe Joly.

Paris nouveau.

Paris nouveau, — journal illustré par la gravure, réceptacle de romans, de chroniques, de revues, etc., — paraissait le samedi en double feuille, format in-quarto. 10 centimes le numéro. Rédacteur en chef : Auguste Nicoullaud; administrateur : Frédéric Nicoullaud— les deux Escudier de la chose!

N° 1, 25 décembre 1858. Nous détachons quelques *pavés* de sa monumentale profession de foi :

« *Paris nouveau!*
» *Paris nouveau!* c'est-à-dire la vieille capitale, rebadigeonnant ses murs, raréfiant et aérant ses maisons, inondant ses carrefours de vie et de lumière... et laissant les impuretés et les hontes humaines faire des taches à son soleil.
» *Paris nouveau!* c'est-à-dire un corps qui redevient jeune! un front qui recouvre sa beauté,
» Et une âme qui reste vieille et décrépite!
» *Paris nouveau*, cependant, l'étoile qui doit briller!
» *Paris nouveau*, l'avenir du monde!
» *Paris nouveau!* Le titre oblige! (*A moins de bêtises.*)

» Notre profession de foi nous a vraiment inquiété...»
(*Ah! oui! quelle scie!*)

On dit que la première séance du conseil de rédaction a été très tourmentée. Il s'agissait de décider si on commencerait avec des noms célèbres ou avec des noms inconnus; la contradiction hurlait déjà dans la docte assemblée, lorsque l'Escudier en chef de l'entreprise laissa tomber sur le tapis vert ce mémorable cliché qui semble emprunté aux discours du baron Taylor :

« Tous les arts, tous les talents se tiennent ; ils doivent tous se donner la main et pencher tous en même temps leurs fronts sous les baisers de leur commune mère, qui les enfanta pour le bien : la Nature. »

Hein ? voilà ce qui s'appelle éclairer la situation ! On résolut donc d'emblée d'ouvrir la porte du journal aux *vieux lauréats de l'esprit humain* comme aux jeunes *fruits secs*. Ecoutez cette strophe en l'honneur des jeunes :

« Les jeunes ! rayons naissants, saluant de leur aurore le coucher des astres du siècle, et devant recueillir, pour le transmettre à un autre âge, le feu sacré du génie ! »

Est-ce assez réussi comme amphigouri ? Dans tout le corps de l'article, le long de trois colonnes, on n'entend parler que du veau d'or, de la jeunesse, de la Providence, de la vertu, de la vie, de la gloire, du soleil, de la faim, des éditeurs, de la mansarde, des ouvriers, des penseurs, d'Homère, du Dante. Après avoir péroré sur le *flambeau* de la conscience, la liberté, l'argent, sur la nécessité de ne pas ramasser les mots spirituels qui traînent sur les tables du café des *Variétés*, le rédacteur en chef, au nom de ses collaborateurs ahuris, s'écrie qu'il va faire un *journal nouveau !* et immédiatement il publie *Madame la Mort*, roman psychologique de Léo Lespès. Avec un début aussi gai, *Paris nouveau* devait sourire à la vie et répondre à son titre !

Collaborateurs : Roger de Beauvoir, Charles Bataille, Léo Lespès, Charles Deslys, G.-R. de Salles, E. Dubrueil, E.-M. de Marancourt, L. Masson, A. Cantaloude, Stabo, Simart, Alfred d'Aunay, Pierre Mazerolles, Fabien, Alfred Bougeart, Léon Margue, marquis d'Urbin, Gustave Naquet.

Auguste Nicoullaud. — Frère de Frédéric Nicoullaud. Et après ? littérateur frotté de la moelle des classiques. Et après ? ex-boursier animé d'excellentes intentions. Et après ? auteur de ce vers qui flamboyait sous la vignette de son journal : *Paris soleil vivant, ruisselle sur le monde !!!* (?) Et après ? N'est-ce pas assez d'avoir écrit ce vers en plein midi.

Frédéric Nicoullaud. — Frère d'Auguste.

Roger de Beauvoir. — Saluez celui-là ! c'est un poète, un chevalier, un artiste, un joyeux vivant, un preux de la grande bohème littéraire. Où ne s'est-elle pas promenée, sa libre fantaisie ? A la *Sylphide*, au *Mousquetaire*, au *Satan*, au *Figaro*, à la *Gazette de Paris*, au *Corsaire* partout où le mot faisait flèche, où l'esprit pétillait sous la plume et dans le verre, où il fallait des chansons, des éclats de rire et des coups d'épée. Aujourd'hui, l'auteur du *Chevalier de Saint-Georges* ne fait plus rien, et il fait bien. Comme Guichardet, il méprise la jeunesse contemporaine qui ne sait plus ni causer ni rire. Roger de Beauvoir s'appitoie souvent sur la décadence des restaurants. Il faut l'entendre raconter les beaux et grands jours du Café de Paris, ce cénacle où toutes les opinions politiques et littéraires se rencontraient, où venaient s'asseoir MM. Véron, Emile de Girardin, Nestor Roqueplan, Lautour-Mézeray, Malitourne, Mazères, Alfred de Musset, etc. Depuis l'ère des bouillons-Duval, il y a un crêpe sur les grands restaurants. Les beaux esprits vont à la gargotte. Le gentilhomme de lettres, comme le rapin, s'empiffre avec des portions à quarante centimes. Dans ces derniers temps, Roger de Beauvoir a eu l'idée de devenir directeur de théâtre. Une députation de la municipalité du Havre était venue à Paris pour lui offrir la direction du théâtre de cette ville. L'affaire allait très-bien à Roger, qui se promettait d'agréables fonctions dans le genre de celles de Nestor Roqueplan, le Louis XV de l'*Opéra-Comique;* malheureusement, le *veto* du ministère fit évanouir ce rêve en fumée. Roger a deux cauchemars qui le poursuivent : son beau-père et M. Bartholy, directeur du théâtre Beaumarchais. Roger de Beauvoir s'imagine qu'il a un ennemi mortel dans M. Bartholy. Pourtant, rien de plus doux que M. Bartholy ! Quant à son beau-père ?... c'est un secret de famille.

Léo Lespès, commandeur des Croyants du roman cadavérique. *Les Crapauds amoureux, les Impressions du Cercueil, la Sœur incestueuse, les Yeux verts de la Morgue* (dont notre ami Maillard vient de publier l'histoire politique et sociale), *les Contes des Fossoyeurs, Entre quatre planches, Sous le Rasoir, le Journal monstre, Madame la Mort*, composent à peu près l'amusant bagage du romancier. Mais comme chroniqueur Léo Lespès n'a pas son modèle. Il a des coquetteries d'Amarillis. Vous le voyez apparaître et disparaître à l'improviste. *Figaro* a eu de lui des études charmantes, des actualités taillées en plein cœur de la vie parisienne. Léo Lespès ne marche pas, il roule en cabriolet. Il prend un cocher pour traverser le boulevard.

Gaston Robert de Salles. — Premier commis-voyageur du *Paris nouveau*, en Bretagne.

L.-M. de Marancourt. — Deuxième commis-voyageur du *Paris nouveau*, à Lyon.

Simart : poëte. — Léon Margue : courriériste.

Le marquis d'Urbin, rédacteur de la *Gazette de Chambord*, a fait imprimer, dans *Paris nouveau*, des vers : *Aux Chanteurs de la France*. Je me rappelle que ces vers libres ont été déclamés par ledit marquis, après le festival des Orphéons au palais de l'Industrie, devant une foule qui n'entendait pas, mais qui applaudissait à outrance l'intention. Le marquis d'Urbin est un noble débris dans toute la rigueur de la chose.

Malgré cette flamboyante rédaction, le *Paris nouveau* s'est éteint après une existence de quelques mois.

Gazette des Beaux-Arts,

COURRIER EUROPÉEN DE L'ART ET DE LA CURIOSITÉ.

Rédacteur en chef : CHARLES BLANC, ancien directeur des Beaux-Arts.

N° 1, 1er janvier 1859. — *La Gazette des Beaux-Arts* paraît deux fois par mois, le 1er et le 15. Chaque numéro est composé au moins de quatre feuilles in-8°, sur papier grand aigle (64 pages); il est en outre enrichi d'eaux-fortes tirées à part et de gravures imprimées dans le texte, reproduisant les objets d'art, tels que tableaux, sculptures, dessins de maîtres, monuments d'architecture, nielles, médailles, vases grecs, ivoires, émaux, armes anciennes, pièces d'orfévrerie, riches reliures, objets de haute curiosité. Les vingt-quatre livraisons de l'année forment quatre beaux volumes de près de quatre cents pages. — Prix : de la livraison, 2 fr., — de l'abonnement, par an, 40 fr., — pour six mois, 20 fr., — pour trois mois, 10 fr.— Bureaux, 55, rue Vivienne.

Rédacteurs : Albert Patin de la Fizelière, Paul Mantz, F. Reizet, Mérimée, Feuillet de Conches, P. Hédouin, Ph. Burty, Antoine Etex, Pascal, Xavier Nogaret, Alfred Darcel, Viollet-Leduc, F.-A. Gruyer, A. Jacquemard, Pierre Dubois.

Gravures et dessins : par Bracquemond, Perrichon, Daubigny, Lavieille, Flameng, Lacoste, Piet, Hedouin, Jahyer, Jules Laurens, Hotelin, Bocourt, Midderig, Guillaume, Castan, Gusman, Parent, Piaud, Châpon, Chevignard, Normand, Paquier, Delangle, Gaucherel, Mouard, Haussoulier, Pannemaker, A. François, Ecosse, Mariani, Guillaumot.

CHARLES BLANC, — ancien rédacteur du *Bon Sens* et de *la Revue du Progrès* où il exerçait les fonctions de critique d'art, sous le consulat de son frère Louis Blanc. Il a collaboré au *Courrier français*, à *l'Artiste*, au *Journal de Rouen*, au *Propagateur de l'Aube*,—auteur de l'*Histoire des Peintres français au XIXe siècle*, inachevée, — a commencé avec Th. Gautier et Arsène Houssaye, une *Histoire des Peintres de toutes les Ecoles.*

VIOLLET-LEDUC. — Qui ne connaît pas M. Viollet-Leduc, cet architecte-artiste qui rebâtit les poëmes de pierre de la vieille France, ce penseur, ce savant qui promène sa tente sur les sommets des donjons et des vieilles cathédrales, d'où il observe nos petites maisons, nos macadams, nos squares, nos bornes-fontaines, nos boulevards rectilignes, nos maçonneries banales? M. Viollet-Leduc a attaché son nom et sa gloire à la reconstruction de glorieux monuments qui s'en allaient de vétusté. Il a provoqué le nettoyage des chenils qui grouillaient alentour, expulsé la laideur et la profanation qui se collaient à ces débris augustes, fait le jour et l'espace aux environs de ces magnifiques testaments de notre histoire. Il met son amour dans la pierre, dans le marbre, dans la mosaïque, dans l'ogive, dans tout ce qui nous parle du moyen-âge et de la renaissance. Cela vaut mieux que de le placer dans ce reliquaire dévasté qu'on nomme le cœur féminin ! M. Viollet-Leduc est décoré.

Antoine Etex. — Né à Paris en 1808. Elève de Dupaty, Ingres, Pradier, ancien combattant de 1830, sculpteur, peintre, graveur, architecte, homme de lettres. Ses ouvrages sont nombreux et attestent un véritable et fier artiste.

Albert Patin de la Fizelière. — Ce nom-là est synonyme d'esprit, de gaîté et d'honneur. On ne le trouve que dans la partie élégante et joyeuse du journalisme. Ses chroniques au *Courrier de Paris* n'étaient pas coulées dans le moule belge de M. Paul d'Ivoi. Elles riaient de bon cœur, elles étaient essentiellement françaises. Le père Boulé s'est fâché un jour avec son chroniqueur pour un accident qui peut arriver aux plus honnêtes écrivains. De la Fizelière quitta le *Courrier* à la suite d'un procès en diffamation que lui intenta une personne honorable, molestée et calomniée, par mégarde, dans sa chronique. De la Fizelière fut condamné en police correctionnelle à un an de prison et deux mille francs d'amende. Mais nous devons dire que, de part et d'autre, du côté de notre confrère et du côté du plaignant, il y eut rapprochement après des explications loyales devant le tribunal. De la Fizelière, trompé comme une jeune fille, reconnut hautement la fausseté des renseignements qui avaient servi de texte à la chronique incriminée. Le père Boulé fut moins généreux que le plaideur envers la Fizelière. Le compte de notre confrère fut réglé! La Chronique du *Courrier de Paris* tomba en désuétude entre les mains de quelques collectionneurs d'anas. Albert de la Fizelière a perdu quelques bonnes causeries dans la *Causerie*, journal des cafés et des spectacles. A la *Gazette des Beaux-Arts*, il a publié plusieurs articles comme il sait les faire, spirituels et savants, entre autres une étude sur l'*Art et les Femmes en France*. Madame de Pompadour y est portraiturée avec une minutieuse fidélité de souvenirs. Le critique, qui connaît à fond l'histoire de ces époques artistiques et galantes, place sur le piédestal qui lui convient cette femme tant calomniée et si peu comprise. Artiste, musicienne, voltairienne et Française par excellence, elle a exercé une noble et large influence sur tout le mouvement intellectuel de son temps. Je sais bien qu'aujourd'hui les restaurateurs de l'ordre social, les farouches défenseurs de la famille et de la religion, se voilent la face devant le règne de la Pompadour, lui préfèrent madame Prudhomme et la Putiphar. Je sais aussi que, tout en se signant avec horreur, ils écartent un coin du mouchoir pour lorgner amoureusement Mogador, Rigolboche, Adèle Courtois, Anna Delion, Esther Guimont, la *Reine de Suède*, Clara, Maria Blum, Marie Lacordère, mademoiselle Rapp, ces lamentables farceuses

qui croient descendre d'Aspasie ou d'Olympia.
Mais les vertueuses singeries de nos moralistes
modernes devant la royauté de la Pompadour, ne
la diminuent pas dans le libre esprit de l'histoire,
ne lui ôtent rien de ses charmes civilisateurs. Il
serait à souhaiter qu'à cette heure nos femmes
fussent un peu moins bourgeoises, et que les
belles figures de ces prêtresses de l'Art, de l'A-
mour, de la Liberté, succédassent aux images
enluminées de sainte Thérèse, de sainte Brigitte
ou de la bienheureuse Marie Alacoque. Il ne faut
pas que, sous les emblèmes de la sainteté, la mort
du cœur et de l'esprit pénètre plus longtemps
dans le monde. Pour en revenir à notre vaillant
et loyal confrère, j'ajouterai que la *Gazette des
Beaux-Arts* a en lui un collaborateur digne de
pénétrer dans les artistiques sanctuaires du passé.
Albert Patin de la Fizelière appartient à l'école
patiente et laborieuse, modeste et énergique, qui
prépare, en dehors du rudiment de l'école normale, la rénovation du journalisme. Il a passé
par le pays de Bohême, avec Henri Murger,
Mario Uchard, Camille de Vos, compositeur charmant, noble cœur, grand artiste. A l'époque des
joyeuses effervescences de l'époque romantique,
de la Fizelière a fait, par la charge et par l'éclat
de rire, une rude guerre aux bonnets de coton
classiques. On l'a vu, en compagnie de cette jeunesse parisienne, se promener dans le passage
Choiseul, entortillé dans un drap de lit, décla-
mant, avec un sérieux imperturbable, au milieu

de la foule prise d'un fou-rire, le *Songe d'Athalie*. Heureux temps où l'on chantait, où l'on discutait, où l'on se promenait, où l'on espérait, sans se soucier du garde municipal, sans s'inquiéter, comme aujourd'hui, des canards qui passent à l'horizon !

La *Gazette des Beaux-Arts* est, avec l'*Artiste*, le journal qui remplit le mieux la mission que son titre lui impose. Le personnel de sa rédaction est plusieurs fois décoré et très-souvent médaillé. Ces décorations sont les récompenses d'un talent sérieux, de services rendus au progrès national. M. Charles Blanc dirige son journal avec la grande autorité qu'il a conquise à force de travail, de conscience et d'indépendance. J'ai lu, dans un des derniers numéros, ses *Considérations sur les Costumes*. C'est parfaitement écrit et profondément pensé. Après avoir passé en revue les divers costumes de chaque pays, après avoir tiré de toutes ces vieilles doublures qui recouvrent nos misères et nos vices, des enseignements que ne soupçonnaient pas nos écoles de philosophie, il conclut à l'unité de costume dans le monde. « L'art, dit-il, ne représentera plus des Français, des Italiens et des Allemands, mais des hommes. On reviendra à la draperie. » — Je souhaite ce retour-là. Mais j'avoue que j'y crois peu, et qu'il faudra, avant cette révolution dans le vêtement, de profondes révolutions dans la conscience, l'esprit et la figure de l'espèce. Le vêtement doit s'accorder harmonieusement avec le corps. La draperie est faite pour l'ampleur, la majesté, l'aristocratie de la forme. Je dirai plus, elle doit convenir au caractère et à l'esprit de l'homme. Serait-on taillé, modelé et agencé, physiquement, comme l'acteur Dumaine, on ne serait pas pour cela autorisé à se draper dans plusieurs mètres de soie et de velours. Jetez donc des draperies, comme celles des Grecs et des Romains, sur des échines bourgeoises ! Donnez donc à porter le pallium, la clamyde, la toge, à cette race trapue, pattue, ventrue, bourrue, morveuse, grotesque, ennuyée et ennuyeuse, qui roule sur nos bitumes et nos macadams ! mettez des cothurnes à Joseph Prudhomme et à Castorine ! La bonne charge et la belle traînée de boues et de guenilles ! Il est évident qu'avant de songer à l'unité et à l'harmonie du vêtement, M. Charles Blanc réclamait depuis longtemps, comme artiste et comme philosophe, la régénération physique, intellectuelle et morale de la société. Avec lui je fais des vœux pour la prompte disparition de ces caricatures habillées chez Richard ou Dusautoy, pour la séquestration de la laideur, et pour la poétique glorification du corps humain.

La Causerie

JOURNAL DES CAFÉS ET DES SPECTACLES.

Littérature. — Théâtres. — Beaux-Arts.

N° 1, 1ᵉʳ janvier 1859. — Rédacteur en chef : Victor Cochinat. — Directeur des annonces : E.

Deslandes et Cie. — Secrétaire de la rédaction : Lemercier de Neuville. — Collaborateurs : Albert Glatigny, Alexandre Flan, G. Bazzoni, Charles Coligny, Saint-Agnan-Choler, Charles Haentjens, Gustave Naquet, Jules Levieux, etc., etc.

La Causerie, journal des cafés et des spectacles, est l'échoppe ambulante de la petite presse. On ne cause pas dans *la Causerie :* on y chante en vers et en prose ! On y dépose l'article-réclame sur toute la longueur des colonnes : on y pince, avec impudeur, de la guitare de Basile. Vous vous imaginiez peut-être que *la Causerie* avait été mise au monde dans un but littéraire, qu'on avait voulu relier-là, sous la plume des chroniqueurs et des hommes du monde, les traditions éparses de ce langage élégant, de ce bon ton, de cet esprit et de cette urbanité qui distinguaient la vieille société française? En voyant ce titre, qui promet tant de charmantes choses, vous songiez à Rivarol, Diderot, Grim, Tallemant des Réaux, Papys, Hamilton, l'abbé de Bernis, ce pigeon de la Pompadour, à tous les hommes et à toutes les femmes de l'hôtel Carnavalet, et vous espériez retrouver dans cette feuille un reflet de ces grâces, un écho de ces éclats de rire, un parfum de cette galanterie et de cette chevalerie. Chers lecteurs, comme vous étiez loin de la riante vérité de ces époques françaises, et qu'elle diffère de la causerie de Diderot ! *la Causerie* de M. Cochinat ! l· n'y a pas dans le journal des cafés et des spectacles un seul homme du monde. Jamais de la vie on ne nous fera croire que MM. Cochinat, Glatigny, Alexandre Flan, Charles Coligny appartiennent au monde de la causerie, du bel esprit et des belles manières. Je sais fort bien que ces messieurs ont des prétentions à la gentilhommerie, à l'esprit, à l'originalité, à la littérature, et qu'ils appuient ces prétentions sur la connaissance profonde qu'ils ont de la brasserie, du café de l'Ambigu, de la Halle, de l'estaminet des Folies et du Cirque ; je les crois même un peu raffinés, mais je nie qu'ils soient du monde, du monde où l'on vit, où l'on pense, où l'on s'élève. Ce fonds de rédaction ne constitue pas une richesse précieuse pour un journal. Je n'en veux pour preuve que l'instabilité de la partie financière. Non-seulement ses rédacteurs ne sont pas hommes de salon, n'ont pas la moindre teinte de la société qui représente la vraie France artistique et littéraire, mais dans le nombre je connais un pauvre garçon qui résume en lui tous les travers du cabotin. Je vais vous citer un fait qui vous donnera la mesure de sa servilité ; malheureusement il a des modèles dans la gent du journalisme. Dans une après-midi, à la suite d'un duel qui avait mis, pendant une semaine, Paris en rumeur, le bon jeune homme en question allait voir chez lui son confrère qui venait de se battre, il y avait une heure à peine, et devant plusieurs autres confrères, attirés par l'événement, il lui offrait spontanément, avec force poignées de mains et félicitations, l'assurance de ses meilleurs sentiments de confraternité. Quelques jours après paraissait, en tête de son journal, un article injurieux contre l'homme complimenté, et cet article était signé par l'auteur du compliment. Devant une pareille hypocrisie, devant cette palinodie insigne, que devait faire le journaliste insulté? passer outre, n'est-ce pas? c'est ce qu'il fit, pour plusieurs raisons ; d'abord, parce qu'il a le droit, aujourd'hui, de toiser en riant ses insulteurs; ensuite, parce que le calomniateur s'était conduit à son égard comme un portier !

La *Causerie* a eu pour berceau le *Café du XIXe siècle*. Loysel, le directeur de l'établissement, l'homme galant et spirituel par excellence dans le monde des limonadiers, l'a tenue sur les fonds du baptême. Le parrain n'a pas eu à se louer du marmot qu'il avait pris sur son cœur et bercé sur la flanelle de son gilet. Le premier commanditaire de *la Causerie*, procuré par Loysel, était un chef de bureau de placement des deux sexes. Ce personnage voulait exclusivement posséder un organe commercial, mais les allures pseudo-littéraires du rédacteur en chef ayant fini par le fatiguer, *la Causerie* dut pourvoir seule à son existence et à son crédit. Elle ne cessa pas pour cela d'être commerciale dans le fond et dans la forme. C'est une des conditions essentielles de son existence et de sa rédaction. Les fleurs de prosodie jetées sur sa face ne voilent pas assez ces instincts prosaïques; mais à partir de ce jour, de la retraite de son premier père nourricier, elle erra d'imprimerie en imprimerie et tomba de Flan en Coligny. Par amour des lettres, son directeur ne s'amusait-il pas, dans les derniers temps, *infandum!* à descendre au métier de courtier d'annonces ? Qu'ils étaient loin les jours filés de blagues, où le rédacteur en chef de *la Causerie*, journal des cafés et des spectacles, courait Paris en voiture, et arrêtait emphatiquement, devant le *Café du XIXe siècle,* son tape-cul personnel, orné d'un domestique exercé à la *pose!* Je le vois encore, ce véhicule d'opérateur. D'ici, je suis des yeux M. Cochinat, retroussant sa jambe sur le marchepied ! Vraiment, la charge avait de la couleur. De chansons en chansons, de fiacres en fiacres, *la Causerie* en est arrivée à sa plus mince expression : son double format, dans le genre de celui du *Figaro,* n'a pu résister aux révolutions du temps. Son directeur prétend que ce sont les révolutions de la mode qui ont amené cette réduction et cette extrême simplicité, et que de la légèreté de la feuille dépend la légèreté de l'esprit. Quel aplomb ! *la Causerie* paraît aujourd'hui en une feuille de quatre pages. Dans l'adresse au lecteur qui annonçait cette révolution, ce coup d'état, le rédacteur en chef cherchait à se persuader à lui-même que l'intérêt du journal et de l'abonné réclamait ce dédoublement ! Il finissait par déclarer qu'après avoir comploté, depuis longtemps, le balayage de tous ses anciens collaborateurs, il avait passé le Rubicon de l'ingratitude, et qu'il avait trouvé son homme dans le sieur Coligny, qui désormais partagerait avec lui les nobles destins de *la Causerie*. Est-il permis de faire gémir sous de pareilles sornettes l'instrument de Guttemberg! Mais quel est donc le monsieur qui se pavane en tête du journal comme directeur des annonces? Directeur des annonces! Ah! *Seigneur-je!*

Victor Cochinat, ex-rédacteur du *Foyer*, du *Billard*, de *Figaro*, du *Figaro-Programme*, auteur de *Lacenaire*. Il a tous les défauts des hommes de sa race : bon serviteur près des hommes en place, passant la main dans le dos aux célébrités, arrogant avec ses pairs en littérature ; il se pousse démesurément du col! C'est un tort : il est assez bel homme et assez brillant écrivain pour éviter le ridicule.

Charles Coligny. — C'est un des curieux bohêmes de notre époque. Il est souvent grotesque et amusant. C'est quelque chose. Sa conversation est renversante ! Je l'ai notée, dans la rue, au café, la nuit, le jour. En voici des bribes :

Coligny, faisant son entrée à l'estaminet où pérorent ses nombreux amis : «*Nous sommes beaux!... vous êtes laids!... c'est bouffon!... Garçon! un morceau de bière!... Tel est mon but!...* »

Coligny, se promenant, le soir, dans le quartier Latin, à pas comptés, d'une voix stridente : « *Fermez vos femmes!... Coligny passe!... tim, toum, tim, toum!!!* »

Coligny, devant un comptoir de liquoriste : « *Eh! la femme mercantile, approchez!... vous avez l'honneur de servir la littérature!... nous ne sommes pas des poitrinaires!... nous prenez-vous pour des commis de Pygmalion?... De l'absinthe!... c'est le cresson de fontaine de la jeunesse!...*

Coligny, à la Halle, au cabaret de la *Tritonne*, une femme qu'il a ainsi baptisée à cause de ses nageoires : « *Vinicole gérante, saluez! c'est moi, Charles Coligny, votre hidalgo!... A boire!... Je vous paierai dans sept ans!...* »

Coligny, en train de discuter théâtres, beaux-arts, politique, philosophie : « *C'est truculent, cucurbitant!... tout est là!...* »

Coligny, à quatre heures du matin, sur les boulevards, monté sur une borne, aux balayeuses et balayeurs assemblés, qui le regardent et l'écoutent avec stupéfaction : « *Qui veut me réaliser pour la force, moi, Charles Coligny?... Personne?... Je vous méprise, vous êtes des mufles!... Je le dirai à Guichardet!... Pas de murmures, ou je vous accroche à un bec de gaz! Allez vous coucher! Je vais effacer un verre d'absinthe!...* »

Coligny, sous le péristyle de l'Opéra, à l'entrée et à la sortie des bals, d'une voix lente et douce, aux masques et autres promeneurs : « *Cocu.... cocu....* »

Coligny, le dimanche matin, à son réveil : « *Ce soir je mange de l'homard chez Louis Enault!...* »

Coligny, dans ses accès de gaîté, parodiant la chanson : *Petits oiseaux...*

« *Petits oiseaux, si vous venez sur ma fenêtre,*
Je vous donnerai des coups de pied dans les dents !...»

. . . .

Je renonce à transcrire ici toutes les extravagances de son langage et de sa démarche. Il y a dans sa parole et dans sa figure quelque chose d'inouï. Quand on ne le connaît pas, on reste abruti sous le coup de ses phrases qui détonnent à l'improviste. Charles Coligny ne semble pas s'apercevoir de la surprise qu'il cause. Il continue son chapelet d'excentricités, sans même vous regarder. Je le crois somnambule, mais somnambule souvent lucide et plein d'éclairs. Charles Coligny ne quitte pas sa chambre avant quatre heures de l'après-midi, et ce n'est que vers minuit qu'il s'illumine. Alors commence son odyssée burlesque à travers Paris. Depuis Privat d'Anglemont, de triste et joyeuse mémoire, c'est le seul noctambule original. Il connaît son Paris au bout du doigt et du verre.

Charles Coligny est un semeur de copies; il a le travail facile, le style assez pur; mais ses idées manquent de suite, de largeur et de profondeur. Il brille dans la chronique ; sa spécialité est le sonnet *monorime!* Il sait par cœur l'histoire amoureuse de notre nation et des autres peuples. Monselet l'appelle *le Chroniqueur-Comète;* mais aujourd'hui il est incapable d'études longues et sérieuses ; sa nature et ses habitudes de vie s'opposent aux exigences d'un travail opiniâtre.

Charles Coligny n'a pas ce qu'on peut appeler réellement la passion de l'écrivain, mais il a la passion d'écrire; il gaspille ses facultés dans les journaux les plus nuls. De quatre à dix heures du soir, il ne rêve que fondation de gazettes ; il fait appel, dans ce but, à toutes les bourses et à toutes les bonnes volontés. Il a des énergies incroyables et des illusions superbes. A cette heure, il est tout en l'air; il a un équilibre particulier, et marche incliné comme la tour de Pise. Charles Coligny a été rédacteur du *Divan*, de *la Vérité*, sous le pseudonyme de Fantasio; du *Paris à Dieppe*, du *Stéréoscope*, de *Figaro-Neveu*, journal limousin, dans lequel il écrivait des articles « sur Michel-Ange et Brunelleschi.» Comme cette critique-là devait être comprise à Limoges ! Il est encore collaborateur à *l'Abeille impériale*, du baron Brisse, qui lui confie la chronique des salons ! Le journal *les Salons de Paris*, du même baron Brisse, le possède à titre de rédacteur en chef! Ce titre ne se négocie pas, pour Coligny, au Trésor. Malgré les incontestables et persévérants services qu'il rend au baron Brisse, inventeur de la jupe-Pompadour, principal article de fonds de son journal, Coligny reste pauvre et à la merci des douloureuses mystifications dont est pleine la carrière de l'écrivain. Il vient d'entrer à *l'Artiste*, comme rédacteur et comme secrétaire particulier de M. Arsène Houssaye, qui semble voué aux secrétaires bohêmes depuis Étienne Eggis, mangé, il n'y a pas longtemps, par les hiboux dans un vieux burg d'Allemagne ! Il a débuté à l'agence Pâlis, place de la Bourse. On lui payait, dit-on, 50 francs une comédie! La princesse de Solms l'a eu souvent pour collaborateur. Coligny est affligé de l'amitié de Briollet, homme d'État du *Tintamarre*. Briollet le tintamarise du matin au soir; mais Coligny, avec des gestes superbes, cherche à élever la conversation. Alors vous l'entendez lâcher à Briollet, qui ne comprend pas ces tendances aristocratiques, des souvenirs de la Réforme et de la Ligue; il appelle les Coligny ses cousins, et tous les ans il se rend en pèlerinage à Versailles pour s'exalter sur le tombeau de Montmorency. Son berceau est un mystère. Il est né en Catalogne, entre deux rochers, dans un courant d'air. Il prétend que c'est de là que date son rhume de cerveau. Par l'absinthe, il ressemble à Alfred de Musset, et par le masque à Molière : même figure et même chevelure que Poquelin; œil brillant et profond par moments, vague et nuageux le reste du temps. C'est Coligny qui a imprimé cette phrase : *Les longs cheveux, c'est le talon rouge de l'artiste!!* — S'adresse-t-il à une dame de comptoir, dans un café, il lui parle en regardant par la fenêtre!

Il y a quelques années, on lui présente un Anglais désireux d'avoir pour cicérone, dans Paris, un homme de lettres. Coligny accepte de faire l'éducation parisienne de l'insulaire, et lui envoie par la poste, à la fin de sa mission, cette note :

DOIT LORD SPLEEN.

1er mars.	Une visite à Briollet . . . . . . fr.	10	
2	»	Un mot sur le tombeau de Manuel.	15
		Attendu qu'il est inédit	6
3	»	Une dissertation grammaticale	10
		Attendu qu'il n'y a rien compris.	20
4	»	Promenade un peu longue. . .	10
5	»	1,700 mots vulgaires.	17
6	»	Ascension scientifique au Panthéon.	20
7	»	Bons-mots de toutes sortes . . .	15
8	»	Explication du mot *biche* . . .	50 50
9	»	Frais de présentation du gentlemen au Cercle littéraire de la brasserie des Martyrs . . .	30 05
10	»	Absinthes pour consoler le cornac.	25 »
		Total net.	228 55

L'insulaire, émerveillé de tant d'esprit, paya rubis sur ongle, et pour les dix jours de promenades en si joyeuse compagnie, fit cadeau à son cicérone d'une belle culotte.

Au milieu de ses travers et de ses défaillances, de ses exagérations et de ses folies, Charles Coligny est digne d'une sympathique attention et d'un rôle meilleur dans les lettres que celui qui lui est échu jusqu'à ce jour. Il l'aura quand il mettra à exécution son désir de renoncer à la vie des *caboulots* et aux *cabotins* du journalisme.

Il est jeune encore ; il a du cœur, de l'esprit, de la vaillance, de l'honnêteté. Avec ce capital, on ne doit pas s'enfoncer dans les ornières où restent les éreintés de la petite bohême. Coligny affecte un profond mépris pour les femmes. Pour lui, à certaines heures de la nuit, ce sont des êtres vulgaires. Mais nous savons ce que valent au fond ces blasphêmes et ce que signifient ces dégoûts. Amère protestation d'un cœur altéré d'amour ! La débauche n'est que dans les mots et la lassitude dans l'estomac. Coligny se grise facilement avec des phrases. Cette ivresse passe, et la soif du cœur reste. Coligny dit trop de mal des femmes en public pour ne pas les avoir violemment aimées. Il doit avoir en tête une passion, quel que soit le nom de l'amante mystique, Antonia ou Amanda ; s'il n'a pu aimer, il a voulu aimer; et ce n'est qu'en aimant qu'il renaîtra au travail sérieux, qu'il mettra dans sa vie du jour et de l'ordre. Allons! une femme de bonne volonté pour sauver ce poëte.

L'Harmonie,

MONITEUR GÉNÉRAL DE L'ARMÉE,
DES GARDES NATIONALES ET DES MAISONS D'ÉDUCATION.

N° 1, 1ᵉʳ janvier 1859.
Rédacteur en chef : Jean Deshayes. *L'Harmonie* avait pour but la propagation des principes du

cornet à piston, du piano, du petit bugle, de la clarinette, de l'épinette et autres instruments d'éducation populaire. Le chant choral était aussi une de ses préoccupations. Mais je nie que *l'Harmonie* ait été vraiment le *Moniteur* des gardes nationales. C'est le tambour qui est le *Moniteur* musical de cette belle institution! Ses cocardiers héroïques ne connaissent que la voix du *tapin*.

Le Mémorial diplomatique,

JOURNAL INTERNATIONAL, POLITIQUE, LITTÉRAIRE, FINANCIER.

N° 1, 2 janvier 1859. Rédacteur en chef : Cucheval-Clarigny; collaborateurs : Blanquart des Salines, F. Colincamp, P. Dubois, Chauveau, A. Graingeot; gérant : Jean-Baptiste Desplace.

Le *Mémorial diplomatique* paraissait tous les dimanches en format in-quarto, contenant seize pages et quarante-huit colonnes de texte. Son esprit était autrichien. Cet esprit n'étant pas de saison à la veille de notre intervention en Italie, le *Mémorial diplomatique* n'eut qu'une existence de quelques mois; il disparut de gré ou de force. Ses correspondances de Vienne, quoique mitigées dans la forme, accusaient dans le fond une vive hostilité contre l'indépendance italienne et une grande vénération pour la politique de Metternich. M. Cucheval-Clarigny ne paraissait cependant pas, d'après ce qui résulte de quelques-uns de ses articles, initié complétement aux doubles vues du gouvernement de François-Joseph. Ou M. Cucheval-Clarigny a été indignement joué par ses amis de la grande chancellerie de Vienne, ou il les a servis en comédien consommé. Voici ce qu'il écrivait, à la date du 3 avril, dans le numéro 14 du *Mémorial* :

« Pénétrées de l'urgence de rassurer l'Europe sur l'issue d'une crise qui ne dure que trop, les grandes puissances ont décidé de réunir le congrès aussitôt que possible. En attendant que les préliminaires soient concertés par la voie diplomatique ordinaire, on a décidé, provisoirement, que l'ouverture du congrès aurait lieu dans la huitaine de Pâques.

« L'intempérie soudaine de la saison a engagé les puissances à revenir sur le choix qu'elles avaient fait de la ville de Genève pour lieu de réunion du congrès. Les conditions climatériques de Genève, entourée de glaciers, ne seraient point favorables, à une époque aussi peu avancée de l'année. Il a donc été question de choisir Baden-Baden; mais, depuis hier, La Haye paraît appelée à obtenir la préférence. »

Cette note, enchâssée dans un entrefilet, à la suite du bulletin de la semaine, est une des plus joyeuses bouffonneries de la presse prophétique ou officieuse. M. Paulin Limayrac ne s'est jamais élevé à cette métaphysique de l'absurdité. Ainsi, M. Cucheval-Clarigny prêchait l'urgence du congrès, demandait le congrès, implorait le congrès, fixait le lieu du congrès, et annonçait la date du congrès! Mais y croyait-il? Voilà la question que je laisse à résoudre aux coulissiers de la diplomatie. En attendant, admirez un peu l'ampleur de cette drôlerie ! M. Cucheval-Clarigny prenait sous son bonnet les manifestes les plus étranges. Quand à Vienne comme à Paris, à Turin comme à Londres, dans toutes les sphères élevées de la politique, on considérait le congrès comme un mythe et la guerre comme une inévitable logique des événements, M. Cucheval-Clarigny élevait la voix en faveur d'une paix pourrie, et réclamait l'intervention des perruques de la diplomatie. La France frémissait, le long des Alpes, au bruit des fanfaronnades de l'Autriche ; l'Italie ripostait aux bravades tudesques par des enrôlements patriotiques et d'immenses achats d'armes; la guerre était dans l'air : et M. Cucheval-Clarigny déclarait avec onction que les grandes puissances avaient décidé que le congrès s'ouvrirait après les œufs de Pâques ! Je m'étonne que M. Cucheval-Clarigny n'ait pas ajouté que ce renvoi du congrès après la communion pascale avait été motivé par les habitudes religieuses de nos diplomates. Cette petite annonce aurait pourtant bien cadré dans le tableau ! Mais si versé qu'on soit dans la langue politique, on ne songe pas à tous ses stratagèmes. Plus loin, M. Cucheval-Clarigny nous dédommageait de ce défaut de perspective par une incroyable profusion de couleurs ! L'intempérie soudaine de la saison, les conditions climatériques de Genève entourée de glaciers, et, sans doute aussi, les brutalités recrudescentes du peuple suisse, avaient fait osciller, selon lui, les diplomates dans le choix du lieu de leur réunion. Le tapis vert des conférences flottait donc entre Baden-Baden et La Haye ! Il est évident qu'en général les diplomates sont excessivement délicats, physiquement parlant, impressionnables comme la sensitive ou le papier buvard, il est de toute nécessité qu'on les entoure de précautions hygiéniques, qu'on règle le thermomètre, et qu'on s'assure des vents aux environs de leurs conférences. Mais ces conditions climatériques et hygiéniques ne pouvaient-elles pas être obtenues, pour le règlement des affaires italiennes, sous d'autres cieux que ceux de La Haye ou de Baden-Baden ? On n'avait alors qu'à faire signe à M. Babinet, qui se serait empressé d'approprier ailleurs un climat et une saison aux besoins des plénipotentiaires de l'Europe.

Pourquoi donc rejeter, avec tant de détours, sur le dos des glaciers et sur le compte d'un printemps rétrograde, les délais de la réunion diplomatique ? Quel oubli de M. Babinet et quelle accusation terrible contre l'Esprit prévoyant qui tient le fil des destinées humaines ? Qui se serait jamais douté que tout à coup, en pleine bonne humeur de la diplomatie toute prête à rassurer l'Europe, les glaciers suisses et la mauvaise saison interviendraient dans la question italienne et retarderaient la réunion des conférences ? Voilà des glaciers bien mal *élevés* et un printemps assez *sot !* La providence des peuples ne pouvait-elle donc songer plus tôt à l'heure solennelle du congrès, et avancer celle des lilas et des brises ?

Eh bien! c'est de cette manière que M. Cucheval-Clarigny commentait le passé et pressentait l'avenir. C'est avec cette sûreté de coup d'œil qu'il sondait la figure et les reins d'un peuple opprimé. C'est en lui prêchant une patience pusillanime, en lui recommandant le cataplasme des protocoles, un régime suivant la formule des traités de 1815, qu'il demandait sa rédemption! Avec M. Auguste Vitu, qui niait superbement, dans le *Pays*, jusqu'au moment de l'entrée des Autrichiens sur le territoire piémontais, la possibilité de la guerre, M. Cucheval-Clarigny a été un des plus étonnants prophètes de la paix diplomatique.

M. CUCHEVAL-CLARIGNY (Narcisse) est né à Rennes, en 1820. Enfant prodige du collége de cette ville, M. Cucheval-Clarigny s'envola de bonne heure vers l'Ecole normale. Sa première jeunesse s'effeuilla dans les bibliothèques de ladite école et de Sainte-Geneviève dont il fut conservateur. De 1845 à 1858, nous le voyons dans le *Constitutionnel*, en train de s'escrimer contre les satisfaits du ministère Guizot. Après février, il se porta candidat à la Constituante. Son échec lui fit prendre en grippe la république. Quel malheur pour la révolution! Depuis il la détesta. Le système autrichien est son idéal. Fondateur de la *Liberté de Penser* — anti-révolutionnairement — directeur du *Constitutionnel* jusqu'à l'avènement de M. Réné; collaborateur du *Moniteur*, de la *Patrie*, de la *Revue des Deux-Mondes*, M. Cucheval-Clarigny a disparu de la scène de la politique active depuis l'enterrement de son *Mémorial*. Patience ! il nous reviendra. Nous de sommes pas au bout des métempsycoses politiques. Les monarchies ont besoin de cette plume chevaleresque. Le meilleur ouvrage de M. Cucheval-Clarigny est une *Histoire de la Presse en Angleterre et en Amérique*.

Décoré depuis plusieurs années pour services rendus dans la presse.

En 1850, M. Cauvin, l'avocat facétieux et bossu, le malin et spirituel rédacteur du *Constitutionnel*, composa, sur M. Cucheval-Clarigny, cette charade :

> Qui est-ce qui, si la république rouge arrivait,
> Mettrait son premier sur son second
> Pour sauver son entier ?

Le Diable à Paris.

N° 0, dimanche 30 janvier 1859. Format du *Figaro ;* hebdomadaire et éphémère. Imprimé chez Pilloy.

Directeur et rédacteur : Sauveur Galéaz, collaborateur du *Tintamarre*, joyeux lieutenant de Commerson.

Le Diable à Paris, comme titre de journal, valait quelque chose, mais, comme rédaction, ne valait pas un sou. Pour faire ce journal, il fallait l'esprit que n'a pas M. Sauveur Galéaz. Je me figure *le Diable à Paris*, journal, avec des écrivains qui ont bec et ongles, avec des griffes roses comme celles de Mme de Girardin et toute une *fantasia* de jolies femmes pour conseil de rédaction ; mais *le Diable à Paris* de M. Sauveur Galéaz manquait de ces éléments essentiels, et peut-être aussi d'autres fonds.

L'Eldorado.

N° 1, 30 janvier 1859. 46 fr. par an.

Journal quotidien, programme des théâtres, fêtes et plaisirs du département de la Seine, distribué tous les soirs *gratis*, à mille exemplaires, à l'*Eldorado*, café-concert du boulevard de Strasbourg. Le besoin d'un journal se faisait horriblement sentir dans la limonade. *L'Eldorado* a donc été lancé à travers les laboratoires. Ses principaux rédacteurs étaient pris parmi les contrebassistes, et les incroyables imbéciles qui passent leurs soirées à guetter le mollet lascif des chanteuses.

Bulletin spécial

DES DÉCISIONS DES JUGES DE PAIX ET DES TRIBUNAUX DE SIMPLE POLICE.

Recueil mensuel publié par les rédacteurs des *Annales des Justices de paix*, sous la direction de M. J.-L. Jay, 29, rue Cunegaud. 1ᵉʳ tome, 1ᵉʳ janvier 1859. Prix : 5 francs.

Le Foyer des Familles,

MAGASIN CATHOLIQUE ILLUSTRÉ.

Dixième année. Les neuf premières années ont paru sous ce titre : *le Magasin catholique.*

La Daumont,

JOURNAL DES ÉQUIPAGES.

Petit in-folio à deux colonnes, 4 pages; mensuel, avec figures, 15 francs. 85, rue Pigale. Le *Journal des Équipages* n'en donne pas en prime !

La Croix,

FEUILLE MENSUELLE CONSACRÉE A L'UNION CHRÉTIENNE ET AU DÉVELOPPEMENT DE LA VIE DANS L'ÉGLISE.

Directeur : M. Monier, 71, rue Saint-Lazare.
Pourquoi faire descendre ce signe auguste sur un chiffon de papier? Laissez-le donc sur les hauteurs sacrées du Golgotha. Les Idées ne marchent plus et ne triomphent plus sous ce signe. Les doctrines de vie et de liberté désertent les voies théocratiques du vieux monde. Le dogme de la souffrance, de la résignation, du sacrifice n'est plus celui de l'avenir. Ce n'est pas avec les souvenirs que la croix rappelle que vous développerez la tolérance dans l'Église, que vous initie-

rez au progrès la caste des prêtres. Saluons avec respect la croix quand elle surmonte un cercueil, quand elle s'incline comme un symbole de paix, sur le grand chemin ; mais n'en faisons plus dans la presse l'emblème du progrès et de la liberté.

Revue européenne,

RECUEIL LITTÉRAIRE, SCIENTIFIQUE ET POLITIQUE,

Paraissant deux fois par mois, le 1er et le 15, par livraison de 14 feuilles grand in-8° (224 pages d'impression).

N° 1, 1er février 1859.— Directeur, M. Auguste Lacaussade.

Noms des principaux collaborateurs dont les travaux ont déjà paru ou vont être publiés : MM. Aubertin (Ch.) ; Babinet, membre de l'Institut ; Banville (Théodore de) ; Bernard (Thalès) ; Boilay, conseiller d'Etat ; Boissière (E.) ; Caro (E.) ; Chasles (Emile) ; Chéruel ; Clément (Pierre), membre de l'Institut, Delaage (H.) ; Deltuf (P.) ; Demogeot (Jacques) ; Desmaze (Ch.) ; Dhormoys (Paul) ; Dumas (Alex.) ; Dussieux (Louis) ; Erckmann-Chatrian ; Etienne (L.) ; Faivre (Ernest) ; Faugère (Prosper) ; Feuillet de Conches ; Fournier (Ed.) ; Gautier (Théophile) ; Gœpp (Ed.) ; Gozlan (Léon) ; Grandguillot, rédacteur en chef du *Constitutionnel* ; Habans (J.) ; Héricault (C.-D. d') ; Janin (Jules) ; Jannet (P.) ; Lacaussade (Auguste) ; Laferrière, membre de l'Institut ; Lafond (Ernest) ; La Guéronnière (vicomte de), conseiller d'Etat ; Langlé (Aylic) ; Larchey (Lorédan); Legoyt (A.); Lemoine (Albert); Leroux de Lincy; Levallois (Jules); Levasseur (Emile); Lélut, membre de l'Institut; Livet (Ch.-L.); Maury (Alfred), membre de l'Institut; Monty (Léopold); Nisard (Désiré), membre de l'Académie française; Rathery (E.-J.-B.); Ravaisson (F.), membre de l'Institut; Reybaud (Charles); Sachot (Octave); Sainte-Beuve, membre de l'Académie française; Sarcey (F.); Saulcy (F. de), membre de l'Institut; Saussaye (de la), membre de l'Institut; Sayous (André); Serret (Ernest); Trapadoux (Ch.); Turgan (J.); Valmore (Hippolyte); Ville (Georges); Villetard (Edmond); Watteville (O. de).

Ces noms-là ont une signification et répondent sérieusement au titre et à l'esprit de la *Revue*. Ils sont presque tous connus du lecteur. Pour cette raison et pour d'autres, je ne ferai donc pas la biographie de tout le personnel de la rédaction. Le *Dictionnaire des Contemporains* est ouvert à la curiosité du public qui ne sera pas content de mon laconisme.

La *Revue européenne* est un dédoublement de la *Revue contemporaine*. Dans son programme, elle annonce qu'elle cherchera son originalité à égale distance des sentiers frayés et des innovations bruyantes, qu'elle repoussera les systèmes préconçus et qu'elle accueillera les hardiesses heureuses tout en maintenant la tradition et la règle. Sa promesse est en cours d'exécution. Elle est souvent originale, libérale, savante, indépendante, bien renseignée en politique, presque toujours littéraire. Tous les quinze jours, elle publie une chronique politique, une chronique du monde et des théâtres, un bulletin financier, des articles et un bulletin bibliographiques. La pensée gouvernementale s'y reflète sous des couleurs choisies, et s'y traduit en articles mûris dans l'étude. Les inspirations directes du ministère de l'intérieur lui donnent une autorité et une suprématie sur sur toutes les autres publications de ce genre. Cette *Revue* est indispensable à tous ceux qui veulent étudier la marche générale des événements et saisir le sens délicat de la politique gouvernementale.

Parmi les rédacteurs de la *Revue contemporaine*, j'en connais à fond plusieurs. Dans ce cénacle, j'ai des amis et des ennemis. Il me serait facile de les photographier, ici, sans retouche. Par exemple, je voudrais bien, si le cadre me le permettait, mettre en relief les beaux côtés de M. Sarcey (de Suttières), ce paladin de la critique dramatique. Il me serait agréable de révéler tous les talents de M. Henri Delaage, et les profondes connaissances musicales de M. Ravaisson ! mais je sacrifie tous ces plaisirs à celui de reposer mon esprit dans la contemplation de cette grande figure légendaire de la presse contemporaine : M. GRANDGUILLOT, — M. *Grandguillot,* autrefois, — aujourd'hui : M. GRANDGUILLOT, rédacteur en chef du *Constitutionnel*, s. g. d. g.

PREMIER TABLEAU.

M. Grandguillot a traversé la mauvaise fortune, en restant fort joli garçon. M. Grandguillot traverse aujourd'hui, — en train de première classe, officiellement chauffé, garanti contre les explosions de M. Loyal, — les domaines dorés de la bonne fortune, en restant fort joli garçon. Autrefois, il y a bien longtemps, cinq ans environ, alors que les bêtes et le *Constitutionnel* parlaient, M. Grandguillot habitait le cinquième étage d'un hôtel meublé dont les fenêtres regardent l'Hôtel-Dieu et observent la Morgue : chambre carrelée, lit qui donnait envie de se lever avant l'aurore, siége qui remontait à *celui* de Jérusalem. C'était un radeau de la Méduse sous les toits ! M. Grandguillot s'adonnait quotidiennement et simplement aux tartines de fromage d'Italie, sans songer, heureux enfant! à celles que lui réservait l'avenir. Rare était le tabac, rare aussi était la demi-tasse. Le restaurant apparaissait, le matin, comme un rêve. Le soir, c'était une illusion. On ne connaissait que la *Volupté* de M. Sainte-Beuve. C'était assommant ! Mais M. Grandguillot prenait en patience les lambris de son cinquième étage et les tartines de l'illustre académicien.

DEUXIÈME TABLEAU.

Or donc, un beau soir d'avril, quand l'amour s'en vole à tire d'ailes à travers les premières verdures et les brises naissantes, M. Grandguillot ne reparut plus au médianoche frugal du cinquième étage de l'hôtel. Grande fut l'inquiétude de tout le monde. De cette disparition imprévue, on jasa huit jours dans les chambrées. Un si bel homme

disparu à la fleur de l'âge et des principes ! La Pentecôte revint, et M. Grandguillot ne revenait pas. Les cloches de Notre-Dame sonnaient à toutes volées la Fête-Dieu et Noël, et M. Grandguillot ne reparaissait pas. Quatre ans se passèrent ainsi : de nouvelles générations remplacèrent à l'hôtel les anciens voisins, les anciens amis du fugitif : la bohême dispersa le reste !
— Et M. Grandguillot ? se demandaient les vieux compagnons de misère, en se serrant la main, aux quatre coins de Paris. L'écho murmurait : parti ! — Et, sur ce mot plein de mystères, la bande de littérateurs à la petite journée s'en allait rêvant au beefteack quotidien et aux vicissitudes de leurs houppelandes.

TROISIÈME TABLEAU.

La légende prétend que, durant ce laps de temps, M. Grandguillot visita la Russie, la Grèce, la Perse, l'Afrique, l'Égypte et autres pays mythologiques, — où l'on va quelquefois, mais d'où l'on revient rarement avec la jeunesse et la fortune. — M. Grandguillot en est revenu, toujours fort joli garçon : il préside aujourd'hui aux destinées grandioses du *Constitutionnel*, ne marche plus qu'en voiture, fume des panatellas, adore les glaces à la framboise et recueille paternellement M. Vitu et sa politique infortunée. Il a le bon goût de reconnaître ses amis d'autrefois, les reçoit à ravir, les héberge au besoin et leur ferme au nez, le plus courtoisement du monde, la *Sublime-Porte* de son journal. Au fond, nature plus orgueilleuse que libre, esprit plus brillant que solide, caractère plus insinuant que puissant. Ce n'est pas un journaliste, c'est un rédacteur en chef ; ce n'est pas un écrivain, c'est un scribe. Le journalisme n'est pour lui qu'un échelon. Il aspire ouvertement à quelque chose de plus haut, et de plus *conséquent* que la rédaction en chef du *Constitutionnel* : c'est bon en passant, mais il y a mieux en vérité. Quand on s'appelle GRANDGUILLOT, quand on possède un talent et une figure aussi agréables, quand on se voit imprimé avec les honneurs de l'interligne et lu avec tant d'admiration, d'assurance ou de crainte par le monde de la finance et de la diplomatie, quand on rend des oracles en affaires de religion et de morale, comme dans la polémique avec M. Dupanloup, on peut prétendre logiquement à des rôles supérieurs dans les affaires de l'avenir. M. GRANDGUILLOT croit en son étoile : l'étoile de M. Grandguillot ! c'est splendide ! Dans vingt ans il sera encore fort joli garçon, malgré son passage au *Constitutionnel*, malgré la drôlatique définition qu'il nous a donnée du PAMPHLET, à propos de ses lettres à l'évêque d'Orléans, malgré toutes les fatigues que doivent lui occasionner ses articles politiques que les siècles futurs contempleront avec ébahissement ! Avant vingt ans peut-être, il sera M. DE GRANDGUILLOT, marquis, comte ou baron, et se rendra en voiture écussonnée au

Grand-Opéra ! Ses contemporains s'étonneront probablement un peu de ces armoiries et de cette grandeur, mais M. Granier de Cassagnac imposera silence à ces étonnements. M. GRANDGUILLOT a rendu tant de services au *Constitutionnel*, à la religion, à la France ! Vive M. DE GRANDGUILLOT !

Si je n'ai pas dit toute ma pensée sur M. Grandguillot, ce n'est pas ma faute; si ma plume a folâtré dans la poésie des légendes, j'en demande bien pardon à la Vérité et au grave *Constitutionnel*. Tout le monde n'a pas le style austère de M. Boniface et le sens critique de l'infaillible et puritain M. Fiorentino ! En donnant tant de place dans ce livre à l'histoire merveilleuse de M. Grandguillot, je crois servir mon personnage, et signaler à l'observatoire de la critique une des plus curieuses anomalies de notre époque sceptique. J'entends dire que M. Grandguillot est un parvenu. Je n'en crois rien. C'est impossible. Ce n'est pas vrai. M. Grandguillot n'a, dans sa vie publique, aucun fait, aucun signe qui caractérise le parvenu. Le parvenu est un lutteur; il fend violemment la foule, il dompte la fortune, l'opinion, les courants contraires de la vie; il se fait presque tout entier de ses propres mains. Peu à peu, pas à pas, ou par bonds audacieux, par la supériorité de son esprit, il s'élève, il grandit, il s'impose. Presque toujours il part de zéro, rebuté, humilié, contredit, sifflé, n'ayant ni crédit ni charmes physiques, renié des dieux et mal vu des hommes. M. Grandguillot n'a jamais été dans ces conditions absolues. Il n'a pas commencé dénué de toutes ressources. La bohême n'a été pour lui qu'un court chemin de traverse. Il n'est pas un parvenu, mais un nouveau venu. Ses progrès ne sont que des enjambements, ses élévations que des soubresauts. Doué d'un joli physique, fort en histoire comme un élève de l'Ecole normale, caressé par des génies d'Orient pendant ses voyages, il n'a rien dompté, rien enlevé d'assaut, ni le succès, ni a gloire, ni l'autorité, ni sa position de rédacteur en chef au *Constitutionnel*, ni même l'incrédulité de ses nombreux confrères qui ne se lassent pas de s'étonner de sa subite élévation. Un jour, il est tombé comme du ciel dans la politique; il a été transplanté soudain dans un grand journal, sans avoir passé par l'école militante de la misère et de la petite presse; on ne sait comment, on ne sait d'où lui est venue cette autorité qui soulève ou qui apaise des orages, cette omnipotence de plume qui a le privilége incroyable de révolutionner des évêques. Il faut sans doute croire à l'intervention de la Providence dans les affaires du journalisme et de la politique, pour percer cet énigme. Il faut peut-être aussi descendre dans les faiblesses et les superstitions de l'opinion pour découvrir une des bases de cette fortune improvisée. Que les destins soient toujours propices à M. Grandguillot; qu'il serve d'exemple aux écrivains moroses qui s'imaginent que l'art de la vie est exclusivement dans les mansardes et dans la passion immodérée du fromage d'Italie. Ainsi soit-il!

Revue des Causes curieuses de la semaine,

Paraissant tous les samedis.

N° 1, 5 février 1859. Imprimé chez Lacour, rue Soufflot. Paris : 6 fr. par an, départements : 8 fr. — Directeur : Galletier, avocat. *Pour tous les articles :* Ch. de Louneuil. Pastiche de la *Gazette des Tribunaux*.

Actualités agricoles.

N° 1, 10 février. — Directeur : Jacques Valserres, ancien rédacteur agronomique du *Constitutionnel*, de l'*Estafette*, collaborateur de la *Presse*, auteur du *Manuel de droit rural et d'économie agricole*. Aujourd'hui il publie la *Revue d'économie rurale*, avec la collaboration d'agronomes et de praticiens compétents. M. Jacques Valserres est une incarnation du paysan du Danube : gros, lourd, rond, rouge (de figure), brusque (en paroles), vaste (de corps), il représente assez fidèlement le personnage de la ballade. C'est aussi une autorité en agriculture. Il a signé, sous le nom de Jacques DE Valserres, des livres agricoles. Pourquoi la particule? Hélas! les plus gros hommes ont leurs faiblesses! Peut-être est-il d'un endroit qui s'appelle Valserres?

Journal des Curés des Villes et Villages,

ÉCHO DE TOUS LES JOURNAUX, REVUES, PUBLICATIONS CATHOLIQUES DE FRANCE ET DE L'ÉTRANGER.

N° 1, 13 février 1859, 6 francs par an, hebdomadaire, consacré à la défense du confessionnal et de la sacristie. Littérature à l'usage des marguilliers. Un cierge brûle toujours dans les bureaux de la rédaction. On donne de l'eau bénite en prime.

Le Mercure Galant.

N° 1, 16 février 1859, in-8°, 16 pages, 8 fr. par an; 1ᵉʳ et 16 de chaque mois.

Je n'ai jamais guère compris cette épithète de *galant*. Je ne vois pas ce que ce titre peut avoir de gracieux aujourd'hui ! Quelles sont donc les Chloris de Breda abonnées à ce journal ? En 1860, le messager des amours de la grande dame ou de la lorette n'est plus qu'un Auvergnat du coin de rue. Laïs a mis de l'ordre dans son budget. Dans Cythère, on brûle de la chandelle économique

Le Quart-d'Heure,

GAZETTE DES GENS DEMI-SÉRIEUX. — REVUE LITTÉRAIRE ET ARTISTIQUE.

Romans, nouvelles. — Critique d'art et de théâtres. — Courriers littéraires et artistiques de l'étranger. — Paraît le 5 et le 20 de chaque mois, en livraisons in-8° de 120 à 150 pages.

Rédacteurs : Valery Vernier, A. Louvet, Zacharie Astruc.

Epargner le temps, traiter, dans des articles

courts, les questions les plus vivantes de la littérature et des arts en France, tenir constamment les lecteurs au courant des plus récentes productions de l'étranger, activer enfin le mouvement intellectuel de l'Europe, tel est le but, telle est la raison d'être de cette publication.

N° 1, 20 février 1859.

Le Moniteur des Chemins de Fer,

VOITURES PUBLIQUES ET SERVICES MARITIMES.

Ancien Moniteur général des Voyageurs.

3me année, 10 fr. par an. Hebdomadaire.

Le Courrier de l'Amateur,

BULLETIN BIBLIOGRAPHIQUE A L'USAGE DE L'ARTISTE ET DU CURIEUX.

Librairie Rapilly.

Les Salons de Paris et le Réveil réunis,

REVUE DE L'EUROPE ARTISTIQUE ET ÉLÉGANTE.

21 février 1859. Journal hebdomadaire, illustré, grand in-4° à trois colonnes, donnant par an vingt-quatre reproductions photographiées des tableaux des grands maîtres. — Prix d'abonnement : 48 francs.

Rédacteur en chef : Ernest Razetti. Collaborateurs : Charles Bataille, A. de Launay, Guillot.

ERNEST RAZETTI, né à Paris en 1833, dressé

aux joûtes de la grammaire Burnouf et du *gradus ad Parnassum*, au lycée Bonaparte. Elevé dans les tons gris, ni porté férocement sur l'histoire ancienne, ni trop dédaigneux du thème grec. A fait de temps en temps son cours de droit et a eu la modestie de n'en pas profiter pour entrer dans le barreau ou la magistrature. Après quelques années consacrées à l'étude de Cujas, M. Razetti s'est embarqué dans le journalisme. C'est pendant un voyage qu'il fit en Allemagne, avec le vicomte de Caston, le prestidigitateur, qu'il ressentit les premières douleurs du métier. Quelques articles dans le *Béranger* et dans le *Corsaire* (j'entends le *Corsaire* ressuscité) le conduisirent à une idée assez extravagante : faire un journal de vrai luxe pour le vrai grand monde. La chose s'appelait : les *Salons de Paris*. Rien de trop beau pour les salons ! on cherchait les papiers les plus nouveaux et les caractères les plus vierges. On trouva... un déficit rond, très-rond ! Un autre se serait découragé. M. Razetti redoubla d'ardeur, — une ardeur italienne à lui propre, tenace, courageuse, paroxiste. Du compagnonnage de Mlle Constance Aubert, nous le voyons se lancer d'un bond dans le voisinage de M. Guéroult, en qualité d'administrateur de l'*Opinion nationale*. Il fit des prodiges de *lançage !* Léo Lespès, lui-même, s'arrêtait terrifié devant des annonces hautes comme les tours de Notre-Dame et rouges comme des guillotines.

Pendant la dernière guerre, M. E. Razetti a fondé le *Magasin militaire*, qui a réussi, et a publié un volume un peu heurté, mais *rageur* dans le bon sens du mot, sur la question italienne : *L'Italie et la Maison de Savoie*, a valu à son auteur la décoration de Saint-Maurice-et-Lazare.

A cette heure, propriétaire du journal les *Soirées de Famille*, du nouveau *Magasin universel*, directeur d'une douzaine de journaux bleus, roses, tricolores — nous parlons tapisserie et non politique—éditeur de gravures splendides, homme du monde, légèrement dandy, M. Ernest Razetti trouve le temps de commander lui-même ses dessins, ses impressions, ses cadres, ses habits. Puis... d'aller deux fois par jour à la salle d'armes.

Charles Bataille. — Ne le confondez, s'il vous plait, avec le chanteur, qui porte comme lui le doux nom de Charles. Ça le vexe ! Signes particuliers : nez dont l'orifice regarde le ciel ; on dit même qu'il pleut dans ce nez ! oreille dure, mais diplomatique, comme celle du marquis Antonini, pied de roi, cheveux frisés, caractère angélique. Vous croyez peut-être que je vais vous dire toute la vérité et rien que la vérité sur Charles Bataille ? Pour qui me prenez-vous ? La vérité nue ne sort que dans les grandes occasions. Charles Bataille n'est pas encore assez dégagé du petit monde où il a vécu pour écouter de sang-froid les conseils de l'amitié, et il se moque pas mal de la mienne. Attendons ! Charles Bataille semble avoir déserté, de cœur et d'esprit, du moins, les brasseries. Bon signe. Il travaille ; à la bonne heure ! Il réussit, de mieux en mieux ! Avec Amédée Rolland, il nous a donné, en 1859, au théâtre impérial de l'Odéon, *Un Usurier de Village,* étude du meilleur réalisme. Il nous offrira, en 1861, une comédie en cinq actes, intitulée : *les Petites Vanités.* Cette comédie a été écrite dans les environs de Chartres, où Charles Bataille a découvert une chaumière et une excellente table d'hôte. Depuis son avènement au théâtre, il a renoncé au journalisme. Les victimes de sa plume mordante ne s'en plaignent pas. Je dois dire, du reste, que, comme journaliste, il n'a exercé ses spirituelles colères que contre les idiots et les vendus. Puisse-t-il nous sauver, comme auteur dramatique, des banales ritournelles de l'école du bon sens !

Charles Bataille a été rédacteur du *Diogène,* du *Triboulet,* du *Rabelais,* du *Figaro,* du *Béranger,* du *Gaulois,* des *Salons de Paris.* Chroniqueur fantaisiste, mais toujours nerveux et littéraire, il a écrit un peu partout ; mais, avant tout, il est resté *lui,* Charles Bataille. Son indépendance ne s'est jamais fait d'accrocs aux rancunes d'aucun journal. Louant, critiquant, éreintant, dans le livre, dans le roman, dans les revues, avec une liberté absolue d'esprit et une grande originalité d'expressions, il a été constamment au-dessus des misérables coteries de la presse. Je regrette qu'il ait pris si tôt son congé de polémiste. Par le temps qui court, on compte les journalistes de sa trempe.

Les *Salons de Paris* ont changé plusieurs fois de propriétaire, sans pouvoir devenir une vraie propriété. Aujourd'hui, ils en sont à leur troisième métamorphose, c'est-à-dire à leur troisième changement de couverture. De M. Brisson, qui les avait *fondés* dans l'intention de *combler une lacune*, ils sont tombés à M. Brisse, qui les a *fondus* dans le moule de l'*Abeille impériale* : même copie, même esprit, même justification! C'est de l'économie; mais est-ce le vrai journal des salons de Paris? J'espère bien que M. le baron Brisse ne pousse pas l'imagination jusque-là! En homme qui connaît à fond l'industrie des journaux et les caprices du lecteur, M. le baron Brisse ne s'est rendu acquéreur des *Salons de Paris* de M. Razetti que comme conservateur et recruteur d'abonnements. La chose lui a été vendue en bloc. Il s'est dit, avec raison, que, l'*Abeille impériale* ne pouvant pas faire exclusivement les délices et le bonheur de tous, un journal qui aurait pour titre les *Salons de Paris*, après quelques modifications opérées dans la couverture et quelques révolutions introduites dans la mise en pages, la remplacerait avantageusement auprès des souscripteurs récalcitrants. Ce qui fut dit fut fait. Sous le pavillon des *Salons de Paris*, l'*Abeille* continue à voltiger dans le monde olympique de notre époque, avec les articles jumeaux de MM. Coligny et Brisse, les filasses littéraires de M. Louis Énault du Calvados, et des causeries sur la mode, de Mlle Hortense Rolland. Le rédacteur en

chef des *Salons de Paris* du baron Brisse, est
M. Charles Coligny, qui n'a jamais connu et fréquenté que les salons du quartier Latin, entre autres ceux de la *Rôtisseuse* et des *Marais Pontins*.

Mais le *Réveil!* qu'est devenu le *Réveil* dans la fusion Brisse-Coligny? Jusqu'au titre, tout a disparu dans la nouvelle transformation économique. Je regrette cet anéantissement. Le filandreux et béat Louis Énault du Calvados, ne remplacera jamais le religieux et moelleux Escudier. Les guitares de M. Coligny sont bien moins gaies que la voix de trombonne de M. Granier de Cassagnac, s'écriant : *Silence à l'orgie!* Le *Réveil* empruntait le diapason des marchandes de la halle et les convictions de Bilboquet pour étonner le monde. C'était le journalisme à la criée, le rabais du bon sens, l'abattoir de la vérité, le masque hurleur d'une faction du moyen-âge égarée dans le XIXe siècle. Mais quel drôle de journal! quel touchant accord entre ses évangélistes! quelle amusante confraternité entre tous les cuisiniers de ce miroton hebdomadaire de philosophie, de théologie et de politique, chauffé à grande réclame par les frères Escudier! Impossible de savoir, encore aujourd'hui, quel est celui de ses rédacteurs qui a le plus souvent changé de casaque au nez épaté de ses contemporains. Comme on y spéculait chaque semaine, dans ce bazar, sur l'idiotisme des lecteurs bigots, sur les transes grotesques de M. Prudhomme, sur les pamoisons d'un certain monde continuellement sous le cauchemar

de la bête à cornes révolutionnaire ! En tuait-on
des vérités ! en plumait-on des serins ! en mettait-
on à la broche ou en marmelade des grands hommes, dans ce saint-office ! Le *va-t'en guerre* contre
les préjugés classiques se chantait sur toute la
ligne : Hurrah ! vive l'enseignement de la langue
grecque et latine donné par des pions nourris de
Patouillet et de Loriquet ! A bas Virgile, Tite-Live,
Pindare, Sophocle, Euripide, Aristophane ! châ-
trons le génie de l'antiquité ! — Et le massacre de-
venait général ; et chaque rédacteur lâchait ses
biles et ses ours sur les pages splendides de la
littérature profane ; et on cognait à droite et à
gauche le Paganisme immobile sur sa base profonde ! Le *Reveil* n'est plus. La foi de l'abonné n'a
pas répondu à son catholicisme effréné. La Révolution marche toujours, laissant clabauder derrière elle le troupeau désorienté des Crétineau-
Joly, des Coquille, des Baraton, dont M. Granier de Cassagnac est le grand Guillot.

Le Magasin d'Illustrations.

N° 1, 3 mars 1859. Typographie de Plon. Journal hebdomadaire dans le format des 5 *centimes
illustrés*. Histoires, voyages, romans, beaux-
arts, inventions nouvelles, anecdotes curieuses,
voilà les principaux articles de ce magasin. 6 fr.
par an. Cette revue se recommande par ses
gravures. Rédacteurs : Maurice Tardieu, Paul
Dubourg.

La France coloniale et maritime,

JOURNAL HEBDOMADAIRE, POLITIQUE ET COMMERCIAL.

14, rue Pierre-Sarrazin. 30 francs par an.
N° 1, 3 mars 1859.

Le Causeur,

BROCHURE HEBDOMADAIRE NON POLITIQUE,

Paraissant tous les dimanches.

N° 1, 6 mars 1859. Rédacteur, L. Jourdan.

« Nous voulons donc causer avec nos lecteurs et nos lectrices de tout ce dont on ne cause plus assez dans le monde. Nous accueillerons les observations, les critiques qui nous seront adressées. Nous donnerons la parole à qui voudra la prendre brièvement, rapidement, honnêtement, comme nous la prendrons nous-même.

» Nous nous attacherons à tenir nos lecteurs au courant des événement qui se produisent dans le monde intellectuel, dans les lettres, au théâtre; nous ne serons cependant pas des nouvellistes. Il nous arrivera de négliger le principal pour l'accessoire, quand l'accessoire aura à nos yeux plus d'importance que le principal; le fonds pour la forme ou la forme pour le fonds, suivant que l'un nous paraîtra l'emporter sur l'autre. »

Tout cet avant-propos ne dit pas très-clairement ce que sera la causerie de M. Louis Jourdan : en parcourant la collection du *Causeur*, on sait vite à quoi s'en tenir sur la forme et sur le fond. C'est une *Causerie à la mode* du *Siècle*. C'est du libéralisme, du saint-simonisme, du Havinisme, délayé en petits chapitres, étendu sur des tartines apprêtées *ad usum Delphini*. Dans tous les articles du *Causeur*, Louis Jourdan est l'homme prolixe et monotone du journal de la rue du Croissant. La politique mal grattée sur ses églogues, reparaît dans ses complaintes sur la famille, l'aumône, le travail libérateur, l'association maternelle, l'âme des femmes, le concierge, l'ouvrier, la gelée, la misère et autres thèmes rebattus qu'il sert à ses abonnés avec un impitoyable sang-froid. *Le Causeur* marche avec les sandales retapées du *Siècle*. Louis Jourdan est le cardeur de tous les vieux matelas de l'économie politique et sociale qu'il rembourre de lieux-communs.

On répète de tous côtés, surtout chez les marchands de vin idolâtres, que M. Louis Jourdan est un grand journaliste, un homme de poids, un terrible adversaire du pape et des évêques; qu'il désarçonne, en s'amusant, les plus rudes champions du catholicisme, qu'il fait la force et l'ornement de la Révolution. Je ne veux pas contredire une opinion aussi majeure que celle des cinquante mille abonnés du *Siècle*. Mais avec tout le respect que je dois à ce suffrage universel de républicains bourgeois, et à M. L. Jourdan, leur enfant gâté, je ne puis cependant voter des couronnes voltairiennes et des brevets d'infaillibilité à l'écrivain. Son style coule, mais sur un fond plat; son cœur s'échauffe, mais pour des progrès imaginaires; sa plume exhubérante se balance à tous les vents de la discussion, mais ne jalonne aucune idée neuve, ne trace aucun signe de vie et de liberté. Avec une égale prestesse, avec une remarquable élasticité, il saute du pape aux boulangers, des socialistes aux henriquinquistes, du confessionnal au comptoir, des questions philosophiques aux questions de petite voirie; il improvise à la fois, sans démarrer de son fauteuil de rédacteur foncier du *Siècle*, des articles sans fin sur les aiguilles, les croûtons de pain, les chiffons de papier, l'ornithologie, la mythologie, la théologie, l'influence sociale des femmes, des oiseaux, des insectes; son esprit ne connaît aucune borne dans la science, et sa plume aucun fond d'écritoire. Mais, je vous le demande un peu, cette phraséologie intempérée, que savourent les bourgeois crédules, sert-elle bien la cause sévère de la vérité? cette facilité, qui paraît étonnante, prouve-t-elle le journaliste? cette ubiquité et cette fécondité de rédaction constituent-elles le penseur? Le bruit court, mais très-fort, que si M. Louis Jourdan est pâteux, diffus, monotone, dans *le Siècle*, c'est qu'il le veut bien ; c'est que *le Siècle* lui impose, comme conditions fondamentales de sa collaboration et de ses gros émoluments, le style ennuyeux et les articles-antiquailles. Je me suis laissé dire que M. Louis Jourdan avait été prédestiné au genre gai et folâtre, aux études légères, et qu'il ne dédaignerait pas de faire des articles spirituels.

Lui-même prétend qu'en dehors du *Siècle*, qui le dénature, il peut être très-amusant, très-drôle, très-fin ; c'est mon opinion : mais alors pourquoi ne se montre-t-il pas sous ce jour agréable dans *le Causeur? Le Causeur* a été, ce me semble, créé pour *causer*. Le Louis Jourdan spirituel, léger et joyeux, pouvait s'affirmer là dans des causeries étincelantes, et faire rougir le Louis Jourdan opaque du *Siècle*. Pourquoi se dérobe-t-il, avec ces charmes naturels, aux félicitations toutes prêtes de la critique et aux sourires passionnés que lui réserveraient ses lectrices? Ce n'est pas bien de la part de M. Louis Jourdan qui ne sacrifie pas assez aux grâces, à la vérité, à la joie, et qui se laisse trop posséder par le génie du *Siècle*. M. Louis Jourdan veut cependant causer avec ses lecteurs et ses lectrices, il le dit, avec promesse de les tenir au courant des événements littéraires, artistiques, dramatiques, scientifiques. Mais quelle lourde promesse, et qu'il y a loin d'un catalogue de faits, d'une esquisse de mœurs, d'une salade d'histoires hebdomadaires à une vraie causerie! Aussi sommes-nous indulgent pour ceux qui font des programmes de causerie. Ses lois sont si capricieuses et ses saisons si incertaines ! N'est-ce pas, messieurs les journalistes?

Malgré la rareté de la causerie dans *le Causeur*, la brochure hebdomadaire de M. Louis Jourdan grossit à vue d'œil et prospère par le tirage.

Le Causeur paraît, depuis le 4 mars 1860, chaque dimanche, par brochure de trois feuilles grand in-8°. Chaque trimestre les numéros parus formeront un beau volume de 632 pages.

Louis Jourdan, né à Toulon. Sa carrière d'écrivain est longue et honorable. Il a traversé le déluge des doctrines phalanstériennes, saint-simoniennes, républicaines, socialistes, orléanistes, impérialistes, éclectiques, anarchiques, libérales, sans rien perdre de sa dignité d'homme. Chose rare à une époque où le stigmate des partis reste sur tant de peaux, où le tic des utopies s'imprime si vivement sur les figures. Ses lignes, dans les divers journaux du temps, se comptent par myriades. Sa fortune, son patrimoine ont filé en conversations sur les terrains vagues de l'Église saint-simonienne. En 1848, il fonde le *Spectateur républicain* de la nuance du *Siècle*. Il collabore au *Crédit* et au *Journal des Actionnaires*. Entré au *Siècle*, il se voit condamné, en 1851, à quatre mois de prison pour un article contre l'Élysée. Auteur d'un roman : *Ludovic ;* des *Mauvais Ménages*, de *Guerre à l'Anglais*, brochure paradoxale — Louis Jourdan est facile à reconnaître dans la rue aussi bien que dans ses écrits. Je le signale au provincial qui vient à Paris, pour découvrir dans la foule les grands hommes. Louis Jourdan est toujours accompagné d'une blague; elle est suspendue à son bras par une ficelle. On dit que c'est un vœu !

Collaborateurs : Paya, P. Lacombe, Léon Journault, E. Cournet, Fortunio (Paulin Niboyet), Edmond Pannier, A. Le Faure.

Le Moniteur des Travaux publics,

DE CHEMINS DE FER ET DE BATIMENTS.

N° 1, 12 mars 1859, in-folio à quatre colonnes. Hebdomadaire. 25 francs.

L'Ami de la Religion,

JOURNAL POLITIQUE, LITTÉRAIRE, UNIVERSEL.

N° 1, 16 mars 1659. Abonnements pour Paris : un an, 54 fr. ; pour les départements, 60 fr. Édition quotidienne.

Rédacteur en chef et directeur-gérant : A. Sisson ; collaborateurs : Léon Lavedan, M. Garcin, L. Vitet, Lenormant fils, Poujoulat, les deux Mercier de Lacombe, F. Lauzut (Ducher), etc. ; fermiers exclusifs des annonces : C. Lagrange et Cerf.

L'Ami de la Religion a été fondé, c'est-à-dire agrandi et élevé au rang des journaux quotidiens, par l'abbé Sisson. A l'époque de sa transformation quotidienne et de son emménagement politique, *l'Ami de la Religion* était dans la manche de hauts personnages ; on comptait s'en servir pour faire échec à *l'Univers*. Malheureusement, les Jésuites qui composaient sa rédaction étaient au-dessous du rôle de concurrents qu'on leur destinait et de la bienveillance dont on entourait leurs débuts. Il prit d'abord la place d'une grande feuille annoncée depuis longtemps, *l'Universel* ou *l'Anti-Univers*. Le ministère ne voulant pas le laisser paraître en France, il alla chercher, pendant quelques mois, un refuge et une imprimerie à Bruxelles.

La Belgique étant peu favorable à sa santé, l'*Ami de la Religion* se soumit à la grande loi catholique des accommodements et revint à Paris faire sa partie dans la symphonie comique des panégyristes de la politique papale.

Les hommes de *l'Ami de la Religion* sont pour la plupart des transfuges de *l'Union* et du *Correspondant*, de vieux bonshommes qui écrivent avec des abat-jour et qui se croient à la veille d'une expédition en Palestine. L'antique Poujoulat est le Laurentie de l'endroit ; un monsieur Léon Lavedan, ancien rédacteur en chef de *la France centrale*, de Blois, est le bulletiniste politique de cette feuille cléricale. De Villemessant, toujours à la recherche de la littérature forte-en-gueule, avait offert à M. Léon Lavedan la rédaction en chef du *Figaro-Programme* ; *l'Ami de la Religion* l'emporta ! L'abbé Sisson prend sous sa soutane de directeur-gérant toutes les calomnies que cette feuille bigote décoche à la révolution française. Mais la soutane n'est pas toujours une égide ! L'abbé Sisson figure agréablement parmi les écrivains condamnés en police correctionnelle. Dans le nombre des souteneurs de *l'Ami de la Religion*, on cite le général Dupanloup, évêque d'Orléans, et une notaqilité dont on trouve l'homonyme dans les romans de George Sand.

Le directeur de la partie financière est M. A. Serre, entrepreneur d'emprunts, futur argentier du pape. Le rédacteur est M. Ducher.

DUCHER (Charles). Un des quarante académiciens

de la Bourse — Vichnou du bulletin financier dans la presse légitimiste — signe : Charles Ducher à la *Gazette de Lyon*, Durand à la *Gazette de France*, Lauzut à *l'Ami de la Religion*. Voué, dès l'âge le plus tendre, à la féroce littérature des reports et des transferts, inféodé à la politique nomade du drapeau blanc, duelliste comme saint-Georges, séducteur comme Lauzun, dont il a pris le nom moins la dernière lettre et les appétits moins la débauche, fantaisiste à l'épée comme Théodore Pelloquet, âgé de vingt-huit ans et de quelques mois de nourrice ; blond, frisé, joufflu, élève de Triat, profondément imbu des idées de Parny en amour et des principes de M. de Maistre en liberté, Charles Ducher a été, pendant quelque temps, un homme complet ! il a eu des duels, des maîtresses, des dettes, des vices en bruyante quantité. Mais depuis qu'il se consacre à la finance, on prétend qu'il se décomplète ; il paie ses dettes, devient rigoureux comme une échéance, et vocalise, assure-t-on, l'amour pur avec les Olympia du Casino.

Le Monde thermal,

MONITEUR DES EAUX MINÉRALES ET DES BAINS DE MER DE LA FRANCE ET DE L'ÉTRANGER,.

Guide indispensable aux malades et aux touristes.

(*Hebdomadaire l'été et bi-mensuel l'hiver.*)

N° 1, 20 mars. Rédacteur en chef, Émile Badoche (mari de madame Cambardi, des *Italiens*); directeur, Joanny Berthier.

E. Badoche. — Ce bon jeune homme a fondé, en 1850, la *Saison de Vichy*, premier journal de la localité, et, je crois, des stations thermales. Aujourd'hui, le moindre trou d'eau chaude compte au moins deux ou trois *Guides*. La *Saison de Vichy* a vécu trois ans et six mois. Émile Badoche (quel adorable nom !) a écrit et fait jouer deux petits vaudevilles aux eaux de Vichy. On demande si ces vaudevilles ont fait courir ! Il s'est aussi illustré par une chansonnette comique : le *Fusilier bretet*, et par plusieurs romances inédites. Ses feuilletons ont pour titres : le *Château de l'Ours*, *Wilhemine*, *fleur de Bohême* : ce dernier a eu les honneurs de la reproduction et de la traduction dans trente journaux des départements et de l'Allemagne. E. Badoche n'a jamais consenti à être M. Cambardi. Il ne veut porter que son nom propre. *Brigadier, vous avez raison !*

Quand Mme Cambardi est indisposée, M. Badoche dit : « Nous ne chantons pas ce soir ! »

Revue agricole de l'Angleterre.

PAR F. DE LA TREHONNAIS.

4 livraisons par an. Prix : 3 francs. Chez Didot.

Bulletin du Libraire et de l'Amateur des Livres.

MENSUEL, 3 FRANCS. HACHETTE.

Bulletin de la Librairie de Province

ED. VALLIN, 50, RUE JACOB.

Paraissant le 1er et le 15 du mois.

Les Coulisses.

N° 1, 2 AVRIL 1859.

Programme des spectacles, paraissant tous les soirs, vendu à la porte de tous les théâtres. Littérature, histoire, poésie, nouvelles, satires, sport, modes, beaux-arts, nouvelles à la main, chroniques, musique, biographies, voilà le menu de l'annonce stéréotypée. Joli titre, mais pour le remplir il faudrait la plume de Diderot. Ce journal est fait avec la composition du *Figaro* et du *Figaro-Programme*. C'est la même justification et la même raison sociale. On lit, en tête du quatre-vingt-quatrième numéro, cette nouvelle qui a dû surprendre agréablement M. Fiorentino :

« Des gens qui ne respectent ni la grâce, ni la beauté, ni le malheur, font courir le bruit de l'engagement de mademoiselle Nelly au Théâtre-Français. »

Directeur : H. de *Villemessant*.

Journal de la Semaine.

LITTÉRATURE. — ROMANS. — HISTOIRE. — VOYAGES. — MUSIQUE.

N° 1, 7 avril 1859. Cinq centimes le numéro. Publié par Gabriel Roux. — Collaborateurs : Clémence Robert, Méry, Albert Maurin, Paul de Couder, Pierre Dupont.

Causes célèbres de tous les peuples.

N° 1, 9 avril 1859. Édition populaire à 10 centimes. 6 francs par an. L'édition de bibliothèque parait depuis 1857, et forme par an un volume de 400 pages. Imprimerie de Firmin Didot. Directeur : Armand Fouquier.

Figaro-Revue,

N° 1, 9 avril. Hebdomadaire. Grand in-4° à trois colonnes. M. de Villemessant n'avait pris ce titre que pour couper court aux incursions de M. Gustave Naquet sur sa propriété.

VILLEMESSANT (*Jean-Hippolyte* de), né à Rouen le 22 avril 1812. — Par la grâce de son esprit et de celui des autres, Empereur du petit journal, — Prince de l'éreintement, — Duc de la *Blague*, — Comte du *Cancan*, — Roi du pays des *Lanternes*, — Grand-veneur de la chronique forte-en-gueule, — Démagogue sanguinaire de la Nouvelle à la main, — impitoyable Melchisédech du mot pour rire, — Agent provocateur de l'anicroche, — Courtisane du succès à tout prix, — Coureur d'hommes de lettres affamés, mais intelligents, — Sauveur de nombreuses misères, mais raccoleur de nombreuses petitesses, — bon bourgeois en ménage, mais mauvais coucheur en critique, — Chauffeur de petites vengeances, — Royaliste d'occasion, — Révolutionnaire sans le savoir, — de l'ordre de la Girouette en amitié, — repris de justice, comme tant d'autres journalistes, — homme *qu'a de la chance!* — Malgré tous ses défauts, ses palinodies, ses caprices cruels, ses entêtements féminins, ses volte-face perfides, Villemessant est un homme réellement distingué, sérieux, charmant au besoin ; il plaît, il amuse, il enchante. Sa rondeur attire, son œil magnétise, sa voix a des éclats de franchise, son esprit part en joyeuses volées. Villemessant possède de grandes qualités de cœur. Je ne connais pas sa conscience; mais il a du nez. Son journal a ressemblé pendant longtemps, de loin, à l'école d'Alexandrie ; on y dépensait des trésors d'esprit, de style, de liberté ; on y régénérait la petite presse par l'éclat de rire; on ressuscitait là le culte païen de la forme, les rites gaulois de l'Ironie. Ses dieux avaient de la poésie et ses rédacteurs de l'*humour*. Mais aujourd'hui, quel fonds de commerce! quelle foire de petites vanités! quel déballage d'articles avariés! quel attroupement de farceurs ennuyeux et de lutteurs essoufflés! L'invasion belge déborde dans tout le corps du *Figaro*. Villemot, Rousseau, Paul d'Ivoi y suintent éternellement : triple pluie de banalités ! M. Jouvin, l'homme important et sacré dudit journal, le gros Lama du rez-de-chaussée dramatique, l'écrivain huileux et raboteur, qui a fini, à force de phrases pédantes, cotonneuses, torturées, par se faire prendre pour un profond et terrible critique,

M. Jouvin, qui mange du Béranger avec intempérance et qui croit devoir flagorner sans cesse M. Veuillot depuis qu'il en a reçu des compliments, M. Jouvin, la colonne et la clef de voûte du *Figaro*, n'est guère moins monotone et Belge que la trinité Villemot-Rousseau-d'Ivoi. — Qui le croirait? A cette heure, le journal éclectique et cancanier de M. de Villemessant est devenu la succursale d'un parti religieux dont les coryphées sont messieurs les jésuites et les évêques. Oui, le *Figaro* devient vertueux à la mode des ultramontains et des sacristains. Bientôt l'article de droit-canon y remplacera l'article Rigolboche. Déjà M. de Villemessant a lancé les foudres de l'excommunication sur les trop grandes libertés des *Échos de Paris*. Remarquez-vous comme, depuis quelque temps, Dorine-Duchesne se tait devant les remontrances ecclésiastiques du patron? comme l'anecdote devient pudique et comme tout le journal est élevé dans l'admiration absolue de M. Louis Veuillot et de M. Dupanloup? Où diable vont-elles déterrer des croyants et des défenseurs, les factions religieuses en déroute?

Je déteste et j'aime M. de Villemessant. Je le déteste, non parce qu'il éventre et vide les talents assez peu soucieux de l'avenir pour livrer au *Figaro* toute leur jeunesse et leur indépendance; parce qu'il se sert, en grand négociant, de la littérature pour se retirer un jour, riche et considéré, dans sa villa de Blois; je le déteste, parce qu'il a abaissé la petite presse au niveau d'un trottoir, le journaliste au rang d'un esclave de ses mesquines rancunes ; parce qu'il entretient dans notre monde des guerres ridicules qui amoindrissent, aux yeux de la foule, l'homme et l'écrivain; parce que, en définitive, tout journal littéraire doit être autre chose que l'expression d'une personnalité hautaine et turbulente ; parce qu'une feuille, si petite et si modeste qu'elle soit, doit toujours rapporter quelque chose au progrès général. On fera plus tard le compte du *Figaro*. Il sera lourd : la somme de ses bienfaits ne balancera pas celle de ses méfaits ; son rire jaune d'aujourd'hui n'éblouira pas l'historien penché sur le chapitre des deuils qu'il a causés. On s'apercevra que nous étions d'une belle humeur et d'une assez sotte complaisance pour nous être laissés endoctriner si longtemps par le préjugé de sa réputation d'esprit, mener à l'aveugle par ses jugements passionnés, enrôler avec terreur dans son parti pris de crosser tout le monde qui n'est pas de son bord; on reconnaîtra qu'il fallait que la France littéraire fût bien dépourvue de liberté, de courage, d'initiative, de gaîté, pour se résigner à rire du rire de M. Villemot, à trembler sous la férule pédagogique de M. Jouvin, à adorer les salaisons de M. de Villemessant, pour se faire un fétiche et un monstre de ce journal. Il sera prouvé, clair comme le jour, qu'il n'y avait dans cette rédaction hétérogène, dans ce *Times* de la petite presse, que de la crânerie, de l'audace, de l'habileté, de la rouerie ; mais point d'aplomb, point de véritable esprit de corps, point de sincérité dans les discussions et d'élévation dans les idées. M. de Villemessant aura, dans l'histoire de la presse actuelle, le rang d'un chef de partisans, le grade d'un colonel de légion étrangère. Il joue assez, ne trouvez-vous pas, le rôle d'un commandant de Suisses en littérature ?

J'aime cette tête folâtre et diabolique ; j'aime M. de Villemessant, parce qu'il aide malgré lui, à l'émancipation du journalisme, par le balayage de ceux qui l'encombrent de leur prose stérile ; parce qu'il nettoie la place où se prélassent les vanités, les trahisons, les hontes ; parce qu'il casse le nez aux idoles de l'opinion, aux magots de notre Chine bourgeoise, aux statues sacro-saintes de la Popularité, aux dragons bibliques de la Vertu républicaine et constitutionnelle. J'aime naturellement ce sacrilége qui fait des cornes aux majestueux bouffons de nos époques révolutionnaires, aux omnipotents Jocrisses de la royauté de juillet, à Caton toujours bégueule, à Brutus toujours idiot ! Je me plais en compagnie de ce farceur-philosophe, qui danse, avec sa tirelire bien sonnante, sur sa réputation d'homme d'industrie. Je dis que M. de Villemessant vaut mieux que sa réputation, et que les altiers puritains qui, en secret, la jalousent. Et puis il me va, ce vigoureux blasé, ce vert vétéran, parce qu'il a lutté avec acharnement à ses débuts, parce que, après s'être fait ce qu'il est, il lutte encore, et que tout ce qui est brave, audacieux, laborieux, carré, absolu, mérite d'être remarqué au milieu des énervements d'aujourd'hui. Enfin, le rédacteur en chef de *Figaro* concorde avec moi souvent, parce que je crois qu'il a ce que j'ai : le mépris des Vendus modernes.

Figaro-Revue,

RECUEIL LITTÉRAIRE, ANECDOTIQUE ET SATIRIQUE.

N° 1, dimanche 10 avril 1859. Pourquoi cette *Revue?* Pour turlupiner M.ᵉ de Villemessant. Et après? Rien de plus. Ma foi ! voilà bien de quoi passionner le lecteur ! Après quelques échanges de papier timbré avec le rédacteur en chef du *Figaro*, après plusieurs changements de format, après n'avoir été ni littéraire, ni anecdotique, ni critique, ni amusant, ni spirituel, ni bouffon, *Figaro-Revue* a eu le destin de toutes les publications qui s'alimentent de chicanes de boutiques. A sa dernière métamorphose, ce n'était plus que le *rasoir de Figaro*. Ah ! quel rasoir !

GUSTAVE NAQUET, rédacteur en chef. Au *Pays*, *journal de l'Empire*, il signe *Quenat*, et rédige le bulletin financier. Son duel avec M. de Villemessant a été indulgentié. Ce que c'est que la chance !

Le Moniteur des Familles.

N° 1, 10 avril 1859, paraissant le 10 et le 25 du mois. — 5 fr. par an. — Revue des intérêts domestiques. Agriculture, jardinage, industrie, commerce, sciences usuelles, économie domestique, hygiène, littérature, beaux-arts, théâtres, variétés, etc., etc. Il y en a pour tous les goûts !

Directeur : C.-A. Chardon.

Journal d'Agriculture et du Commerce,

PROPAGATEUR DES CONNAISSANCES UTILES.

N° 1, 12 avril. — Le journal utilitaire foisonne !

Le Salon et la Mansarde.

N° 1, 15 avril 1859. — 12, rue Cassette.

Encore un journal qui a bien amusé M. Pipelet et sa facétieuse épouse ! Comme il a dû s'en priver pour ses gueux de locataires ! Mais quel rapport littéraire et social peut-il exister entre le salon et la mansarde pour qu'il y ait utilité de les relier par un journal spécial ? Aucun. Il y a entre ces deux mondes des abimes de contradictions et d'escaliers.

La France hippique,

ANNALES DES HARAS, REMONTES, COURSES ET CHASSES.

N° 1, 16 avril 1859. — Petit in-folio à trois colonnes, paraissant le samedi. 20 fr. par an.

Gérant : M. Bellin du Coteau.

Le Caucase,

JOURNAL DE VOYAGES ET DE ROMANS,

A paru tous les jours pendant cinquante numéros.

N° 1, 16 avril 1859. Rédacteur : Alexandre Dumas, seul. — Éditeur : Charlieu. Le *Caucase* faisait suite au *Monte-Cristo*. Dans ce nouveau journal, A. Dumas a publié son voyage en Russie et dans le pays de Schamyl. Cette relation a paru en trente numéros à 15 centimes. Rien de plus intéressant que la lecture de cette odyssée de notre grand romancier, amoureux, poëte, chasseur, guerrier, cuisinier, suivant les accidents de l'excursion. On reconnaît bien par-ci, par-là, sous les apparences sérieuses de l'historien, le roi des *blagueurs* (surnom donné à Alexandre Dumas par M. de Lamartine); mais quel roi magnifique et puissant ! comme il rit et sait faire rire ! comme il charme et captive son lecteur avec un mot, une idée, un simple trait d'esprit! il n'a jamais recours à l'artifice de la rime, à la périphrase, au vieil attirail des rhétoriques ! C'est clair, net, précis, logique, pétillant, cette causerie. C'est français surtout, c'est brave toujours ! Alexandre Dumas, avec autant de droits que M. de Lamartine, pourrait provoquer en France une souscription en sa faveur. Il ne lui reste aucune terre, aucun château, aucune troupe de paysans ! Ses chenets ont été vendus à bas prix : ses éditeurs se sont souvent conduits à son égard comme des apothicaires. Cependant, Alexandre Dumas travaille, lutte, souffre sans se plaindre. Il ne fait pas de sa muse une fille d'auberge, et de son nom une escarcelle. Il n'a jamais songé à porter au compte de la France ses dettes, ses désordres financiers, à la rendre responsable de ses insomnies, de ses larmes, de la tristesse de ses levrettes ! Jeune, rieur, généreux, aujourd'hui comme il y a vingt ans, Alexandre Dumas s'accommode de sa destinée d'écrivain endetté et de père prodigue. Son esprit court le monde en liberté. Son cœur ne fera jamais faillite.

Alexandre Dumas a été accusé de contrefaçon dans son *Caucase*. Il a même perdu un procès qui lui a été intenté, ainsi qu'à ses éditeurs, par M. Merlieux. Mais qu'est-ce que cela prouve contre la gloire de l'écrivain ? M. Alexandre Dumas, dans le feu de la composition, a pu légèrement courir quelques bordées sur le style de ses voisins ; mais qu'il y a loin de là au misérable plagiat, au vol éhonté des idées ! Et puis ne se trouve-t-il pas, par hasard, en nombreuse compagnie ? Parlez-moi donc un peu de la contrefaçon en politique !

Le *Monte-Cristo* a repris la place du *Caucase*.

Paris-Journal,

PARAISSANT LES MARDIS, JEUDIS ET SAMEDIS.

N° 1, 16 avril 1859. — *Paris-Journal* publiait dans chaque numéro le portrait d'une célébrité contemporaine et une gravure d'actualité. 10 centimes le numéro. Format du *Courrier du Dimanche*.

Ex-directeur-propriétaire : Jacotet, qui a fondé, avec M. Bourdilliat, la *Librairie nouvelle*.

Rédacteurs : Pierre Véron, Fabrico, Charles de Courcy, Isabelle d'Alens, Faustin, J. Daunès, Louis Lieusel, Alphonse Daudet, vicomte de Norbert, Hippolyte Lucas, Alazard, Léon Dubourg, Ernest Regnault, F.-B. de Boisdenier, Louis Arichard, Piccolo, A. de Fontvieille, etc.

Paris-Journal a eu, pendant quelque temps, un grand succès d'actualité. Son premier numéro est orné d'une gravure qui représente Alexandre Dumas en costume de Circassien. Ses autres dessins de la campagne d'Italie sont très-expressifs et très-réussis. La cuisine du journal était faite presque tout entière par M. Pierre Véron du *Charivari*, et Charles de Courcy, l'auteur de *Daniel Lambert*. Ces deux messieurs se partageaient la poire ! Nous trouvons-là M. A. de Fontvieille, ex-rédacteur-gérant de l'*Algérie nouvelle*, supprimée dernièrement par ordre ministériel, ancien principal acteur dans un duel en champ clos qui a fini par des blessures et qui n'a pas été poursuivi ! Au milieu des noms connus et des pseudonymes de cette rédaction, nous saluons de tout cœur un jeune poëte, M. Alphonse Daudet, dont nous avons lu avec grand plaisir des vers dans le *Figaro*. La poésie qui suit vous donnera une idée de son talent.

TROIS JOURS DE VENDANGE.

Je l'ai rencontrée, un jour de vendange,
La jupe troussée et le pied mignon ;
Point de guimpe jaune et point de chignon,
L'air d'une bacchante et les yeux d'un ange.
Suspendue aux bras d'un doux compagnon,
Je l'ai rencontrée aux champs d'Avignon,
    Un jour de vendange.

Je l'ai rencontrée, un jour de vendange ;
La plaine était morne et le ciel brûlant.
Elle marchait seule et d'un pas tremblant.
Son regard brillait d'une flamme étrange.
Je frissonne encore en me rappelant,
Comme je te vis, cher fantôme blanc,
    Un jour de vendange.

Je l'ai rencontrée, un jour de vendange,
Et j'en ai rêvé presque tout le jour....
Le cercueil était couvert de velour,
Le drap noir avait une double frange,
Les sœurs d'Avignon pleuraient tout autour ;
La vigne avait trop de raisins ; l'amour
    A fait la vendange.

La Science des Mères

OU DE L'ÉDUCATION HARMONIQUE PAR L'ÉTUDE DE LA
NATURE ET L'APPLICATION DES JARDINS D'ENFANTS,

Journal des chefs de famille, des institutrices, des instituteurs, et de toutes les personnes qui ont charge d'éducation et d'enseignement. (5ᵉ année du *Journal des Mères*. — 2ᵉ série. — Février et mars.)

La science des mères ! la vraie, est dans la nature, l'amour, le devoir, le sacrifice, et pas ailleurs. Le cœur de la femme, voilà son origine ; l'amour de l'enfant, voilà son oracle ; le bonheur du père, voilà son couronnement ! Mais qu'on ne s'avise donc pas de la mettre et de la commenter dans des articles de journaux. Si ce sont des mères de famille qui rédigent cette revue, elles dépensent assez frivolement leur temps et leur esprit. Si ce sont tout simplement des *bas-bleus*, elles feraient mieux de raccommoder leurs chausses. Je ne sais pas si le rédacteur en chef de ce journal est une nourrice, mais je sais que sa littérature est peu fortifiante. Qu'est-ce que c'est que l'*éducation harmonique par l'étude de la nature et l'application des jardins d'enfants?* En voilà du pathos et du jardinage ! Ce journal est complétement inutile. La femme de l'aristocratie a à sa disposition des fleurs, de l'air, de la soie, du soleil et des domestiques pour les besoins de sa maternité. La femme du peuple n'a pas le temps de s'occuper d'articles littéraires entre son travail et le berceau de son enfant.

Journal des notables Commerçants.

N° 1, 24 avril. Gazette des Mandarins de la boutique.

L'Audience.

N° 1, dimanche 1ᵉʳ et lundi 2 mai 1859. — Ce fut d'abord une petite feuille paraissant deux fois par semaine, avec un bulletin des tribunaux civils, criminels, de commerce et de paix; — son premier numéro est du 2 août 1857. *L'Audience* ne se contentant pas de la modeste position qu'elle occupait au Palais, voulut agrandir son format, devenir politique, judiciaire et quotidienne. Mal lui en prit. Elle fit donc une fusion avec le journal *l'Observateur* qui, depuis le 18 mars 1857, remplaçait *la Presse commerciale, politique, financière, industrielle et maritime*. Ainsi considérablement augmentée, *l'Audience* eut deux rédactions, politiques et judiciaires, bien distinctes, deux rédacteurs en chef et deux bureaux de rédaction. Pendant que la rédaction politique, commerciale et financière s'agitait sous *les plombs* de l'imprimerie Dubuisson, la rédaction judiciaire se prélassait dans de splendides appartements, quai Conti, 7. Les rédacteurs relégués sous les toits de la rue Coq-Héron étaient MM. Ch. Braine, Louis D'Ornant, Frédéric d'Hainault, Henri Guiraud, Charles Cahot, Jeoffret sous le pseudonyme de Duvallon, F. Rittiez. Les rédacteurs logés quai Conti étaient des avocats, entre autres Cristofle, L. Renault, et un sténographe, G. Lemarchand, qui fut chargé, en sa problématique qualité de vaudevilliste, de la rédaction des joyeusetés de la police correctionnelle. Ajoutons à cette nomenclature, Castagnary, critique d'art, Filias, administrateur, et Caillieux, gérant.

Au bout de quatre-vingt-neuf jours, de quatre-vingt-neuf numéros, *l'Audience* fut *levée*, c'est-à-dire coulée. Et cependant il y avait des hommes forts dans cette galère : un banquier nommé Isnard, et le sieur Charles Braine ! *L'Audience*, société en commandite dont la mise de fonds s'était faite par actions, parut à l'époque de la guerre d'Italie. Dans son bulletin n° 1, M. Charles Braine, le rédacteur en chef, ne trouva rien de mieux à dire, pour faire connaître au monde l'opinion politique du nouveau journal, que cette banalité :

« Dans les circonstances présentes, notre profession de foi peut se résumer en deux mots :
« Un nouveau journal, c'est un soldat de plus
» sous le drapeau de la France. »

Cette prudhomique profession de foi excita l'hilarité et la critique de la rédaction judiciaire. De là conflit et comédie. La tartine des tribunaux tendait à empiéter sur la tartine politique. MM. Cristofle et Isnard, les deux directeurs, se renvoyaient tour à tour les plaignants. Enfin, la débandade éclata dans les deux camps. Isnard devint invisible comme l'esprit chez M. Henri d'Audigier ; Charles Braine donna sa démission ; Louis d'Ornant, son successeur, finit bientôt par s'éclipser dans le rez-de-chaussée des chroniques dramatiques. Frédéric d'Hainault fut promu rédacteur en chef, et Charles Cahot fut chargé de la cuisine du journal politique.

Dans la rédaction judiciaire, il y avait le parti Cristofle et le parti Renault aux prises devant une question d'attributions *inférieures !* Cette lutte consistait à se disputer le fauteuil du cabinet du rédacteur en chef. La propriété dudit *siége* resta au parti Cristofle, le plus fort actionnaire de *l'Audience*. Le lendemain, au Palais, la chronique cancanière s'égayait aux dépens de cette puérile *Audience*, qui continuait à paraître, mais dans des conditions désastreuses. Faute de rédacteurs judiciaires, *l'Audience*, qui s'annonçait dans son programme comme le seul journal en avance d'un jour sur les autres journaux judiciaires, puisqu'elle paraissait à quatre heures du soir, fut forcée, très-souvent, d'emprunter à *la Gazette* et au *Droit* les éléments de sa rédaction. Enfin, une aventure qui eut lieu à l'occasion du fameux procès de la coulisse acheva la ruine du journal. L'affaire des coulissiers fut appelée le 22 juin devant la 6me chambre du tribunal de police correctionnelle, présidée par M. Berthelin. M. Lemarchand, sténographe de *l'Audience*, s'était entendu avec M. Cristofle, afin que le même jour, à quatre heures, on publiât son compte-rendu : sa copie fut portée religieusement à un endroit désigné, — on ne dit pas lequel, — et, malgré cette ponctualité, on lisait le même jour dans *l'Audience* cet entrefilet :

Procès de la coulisse.

« Un ajournement ayant été prononcé par M. Berthelin, président de la septième chambre, nous devons attendre pour faire notre compte-rendu. — A. Duvallon. »

Ce coup de scène fut un coup de massue pour *l'Audience*, au Palais et à la Ville !

G. Lemarchand, sténographe et vaudevilliste, a publié, en 1849, un *Traité de Sténographie*.—Ex-gérant du *Lucifer*, ex-employé à la préfecture de la Gironde, collaborateur désespéré de Jules Viard dans un vaudeville à voitures qui ne marche pas au théâtre du Palais-Royal, où cependant il est reçu depuis des années.—(Voir, pour l'éclaircissement de ce mystère, Jules Viard.)

G. Lemarchand est de tous les métiers. En Allemagne, il a dirigé une troupe de chanteurs ambulants.

Charles Braine. — Agé de trente-quatre ans et doué d'une paire de favoris énormes qui l'aident à nager. Ancien élève de l'École normale, ancien professeur d'histoire à Orléans. Pour une cause que je n'ai pas à approfondir, le ministre lui donne un jour avis de son changement et de sa nomination à Alençon. Ch. Braine lui répond froidement par cette dépêche : *Point d'Alençon !!* Ce calembour prive l'Université d'un historien et décide de la vocation du chroniqueur. Charles Braine, vers 1853, entre à *la Presse*, où il fait l'article *Inauguration* avec un esprit d'ubiquité dont Delaage n'a pas l'idée. Sans convictions politiques, éminemment propre au journalisme incolore, à la compilation sceptique des nouvelles diverses, il fonde, à cette époque, la correspondance des provinces et invente la littérature mécanique du polygraphe. Charles Braine, par son mariage, est devenu principal propriétaire du *Nouvelliste de Rouen*, journal protectionniste dont il est le Havin par les articles compassés qu'il y donne, avec l'aplomb d'un homme qui a le sentiment de sa propriété. Mais que ce Braine-là diffère du Braine coureur des bains de Bade et de Hombourg ! Où ne s'est-il pas promené, ce joyeux courtier de la chronique et de la philosophie des Eaux? Au *Constitutionnel*, au *Figaro* sous le pseudonyme de *Tacet*, au *Nord*, dont il a été pendant longtemps le correspondant, à *l'Audience*, qu'il a abandonnée à ses trente tyrans, à *l'Opinion nationale*, où il cancane en famille avec ses anciens collègues de *la Presse*. Charles Braine, attaché à plusieurs journaux, n'est dévoué à la fortune d'aucune entreprise de ce genre ; c'est un rédacteur nomade, un esprit calculateur, un confrère plein de retenue, charmant à la rigueur, et toujours *blindé* de réflexions stoïques devant les déconfitures du journalisme. Quelqu'un l'accoste un jour avec cette interjonction : — Eh bien! *l'Audience* est morte et enterrée ! — Oui, répond Charles Braine, en parodiant une satyre d'Alex. Dumas fils, à la sortie de la première représentation des *Fausses bonnes Femmes*, mais je ne l'ai accompagnée que jusqu'à l'église !

Moniteur de la Presse et de la Librairie.

N° 1, 1ᵉʳ mai 1859. — 39, quai des Augustins.

L'Italie,

GAZETTE ANECDOTIQUE DE LA GUERRE, ILLUSTRÉE,

Publiée par Tony Revillon.

N° 1, 5 mai 1859. Hebdomadaire. Rédacteurs : Tony Revillon, comte Ernest de Vornoux, Léon Giraud, L.-M. de Marancourt, Alex. Flan, etc., etc. Dans deux pompeuses adresses aux lecteurs, placardées en tête du premier et du troisième numéro, M. Tony Revillon provoquait la fortune en se promettant de dépasser, par le tirage et par l'originalité, par le patriotisme et par la vente de sa feuille, par le succès et par la noblesse de ses articles, toutes les publications au jour le jour que la guerre avait fait éclore. « Nous sommes modestes et simples, disait-il à ses lecteurs, mais nous nous piquons d'être Français et amis de la gloire. A nous la tâche populaire de narrer les souffrances et les joies du troupier, la vie privée des rois, des ministres et des généraux qui tiennent la destinée des peuples dans leurs mains ! » M. Tony Revillon est-il bien certain que ces personnages-là tiennent la destinée du monde dans leurs mains ? « Nous ne reculerons, ajoutait-il, ni devant les frais énormes de cette publication, ni devant les apostrophes à lancer à l'Autriche. Notre papier sera d'une qualité supérieure, et notre esprit fera merveille dans les kiosques : nous irons doublant de jour en jour notre vente, nos abonnés, les étonnements de tout Paris ! » Et dire que tout cela, cette éblouissante promesse, a commencé et fini par de détestables gravures, par des *échos* de cantine et du papier à chandelle !

Italie ! ô mère de toutes les douleurs ! tu ne savais pas qu'on te réserverait celle-là pour l'aurore de ta délivrance ! qu'on réveillerait par le prestige de ton nom et de ta gloire l'industrie du petit journal, que l'insecte bourdonnant de la chronique picoterait ta mamelle féconde ! O patrie du Dante et de Michel-Ange, ô Niobé des nations ! tu ne prévoyais guère, quand la France relèvait le gant autrichien tombé sur ta face, qu'une nuée de poétereaux, de plaisantins, d'anecdotiers, de littérateurs à la petite journée, de paroliers d'opéra comique s'abattrait sur les légendes augustes de ton martyre, sur les champs de batailles de ton indépendance, sur la poésie intime de ton génie ! Hélas ! oui, tandis que les soldats de la grande nation, mêlés aux tiens, te redressaient à Montebello, à Magenta, à Solferino, libre et fière devant le monde, tandis que le canon d'Arcole et d'Austerlitz accompagnait, à grand orchestre, tes hymnes d'insurrection de Rome à Venise, de Gênes à Milan, une bande audacieuse de gratte-papier, de nouvellistes macaroniques, de collectionneurs de calembours, exploitait ton souvenir, tes grands hommes, tes sourires et tes larmes, à cinq centimes le numéro, dans les cafés et les kiosques ! Des commerçants de patriotisme, des entrepreneurs de commisération trafiquaient de tes regrets et de tes espérances, au moyen du bronze et du plâtre, de la photographie et du lampion ! Oh ! pardonne à ces industriels qui n'ont vu dans ton sublime mouvement que l'occasion d'une énorme vente de drapeaux, de journaux et de lanternes de couleurs. Pardonne aussi à Tony Revillon, à de Césena, à Limayrac, à Havin, à Guéroult, à tous ceux qui ont élevé leur voix grêle pendant la bataille, qui ont chanté leur prose saint-simonienne en l'honneur de ton émancipation, et qui ont converti ton histoire en boniment. Mais souviens-toi, si la guerre recommence, que tu ne dois pas plus attendre l'idée pure de ta liberté du côté du *Siècle* et de *la Patrie*, que du côté de l'étendard du Capitole, de la bourgeoisie révolutionnaire que du sans-culottisme mazzinien, de Voltaire que de Machiavel, de Lamennais que de Gioberti, des Papes que des Césars ! Puisses-tu ensevelir dans un même linceul, avec tes derniers despotes, les derniers vestiges de ces préjugés historiques !

Tony Revillon. — Jeune, charmant, souriant, onduleux et un peu cérémonieux, surtout quand il fait ses entrées dans le cénacle de ses amis, voilà l'homme. Abondant, tendre et fleuri, voilà l'écrivain. — Idolâtre partisan de M. de Lamartine, chantre convaincu des malheurs du poëte-propriétaire, — on le dit un peu collaborateur de la princesse Marie de Solms, — accidentellement de la Société des gens de lettres. — Je ne veux pas dire par là que M. Tony Revillon n'a pas autant et plus de droits qu'un autre d'en faire partie, mais son entrée dans cette compagnie aurait pu être retardée sans la méprise involontaire d'un copiste chargé de mettre les noms et les adresses sur les lettres de refus et d'admission. On raconte que M. Masson, alors secrétaire du Comité, ayant donné ordre à son expéditionnaire d'écrire le nom de Tony Revillon et celui d'un autre postulant sur deux lettres essentiellement différentes, dans le fond et dans la forme, ledit scribe a attribué et adressé à l'un ce qui était destiné à l'autre. Cancans et tumulte au *Café des Variétés*, où l'on chantait sur l'air des lampions : *Il est reçu ! Il n'est pas reçu !* Triste mission pour Philoxène Boyer et Ponson du Terrail, parrains de Tony, que Masson dépêche pour lui annoncer une erreur d'adresse. Ponson et Philoxène reculent devant ce devoir ! Enfin, les statuts de la Société se relâchent de leur rigueur. M. Tony Revillon n'a pas encore écrit deux volumes, mais il peut les écrire, il les écrira. Il est reçu membre de la Société des gens de lettres, *par attendrissement.*

Gazette des Campagnes.

N° 1, 7 mai 1859. — Vous êtes prié de ne pas la confondre avec le *Journal des Villes et des Campagnes* dont elle a l'esprit, l'allure et la religion, mais dont elle n'a pas le cautionnement. La *Gazette des Campagnes* s'occupe beaucoup d'agriculture et de commerce ; c'est sa partie sérieuse : elle est confiée à un homme compétent, à M. Louis Hervé, qui rédigeait autrefois le bulletin politique au *Journal des Villes et des Campagnes*, mais qui, depuis les avertissements donnés à la feuille de M. Pillet, a renoncé aux glorieuses responsabilités de la signature. La *Gazette* prêche, avec des pudeurs de feuille cléricale et en termes choisis, en dehors de son idée industrielle, contre la littérature des chiffons, les falbalas, les fanfreluches, les *épluchures* de musique, les poupées, les polkas, qui font naître la *concupiscence*, contre les cabinets de lecture, ces *déversoirs de turpitudes et d'imbécillités*, les romans de Mme Sand, les femmes émancipées. Elle réussit d'abord auprès du public des bonnes femmes et des prudes, et puis auprès des agriculteurs. En ce moment elle a près de douze mille abonnés. Le premier numéro a paru au mois de mai 1859. Six francs par an; hebdomadaire.

Rédacteurs : Louis Hervé, rédacteur en chef, auteur de l'*Almanach des Campagnes;* Abbé Abullois, auteur de l'*Abrégé de l'Histoire de la Guerre d'Orient*, du *Livre des Classes ouvrières*, de la *Vie de saint Vincent de Paul*, de la *Charité et de la Misère à Paris;* H. de Preuillé, de La Mothe. — Gérant : A. Josse.

Le Moniteur
DE LA SUCRERIE ET DE LA DISTILLERIE.

N° 1, 8 mai 1859. 10 francs par an.

Le Bulletin de la Guerre.

Publié sous la direction de M. Amédée de Césena.

N° 1, 11 mai 1859. Cinq centimes le numéro. — Quotidien.

Directeur-rédacteur : Amédée de Césena. — Propriétaire-gérant : A. Nicoullaud.

Le Bulletin de la Guerre paraissait à dix heures du matin chez tous les libraires et les marchands de journaux de la voie publique. Il fut pendant quelque temps le seul journal autorisé à être crié dans la rue. Il donnait les nouvelles de l'armée, des lettres italiennes (confectionnées pour la plupart à Paris), des correspondances du camp, des actualités biographiques, des échos de la chambrée, les promotions, les décorations et les mutations. — La rédaction était faite à coups de ciseaux, mais la vente du journal, dit-on, ne rapportait pas moins de deux cents francs par jour à ses directeurs.

A. Nicoullaud, ex-rédacteur en chef du *Paris nouveau ;* éditeur du *Livre d'or du second Empire français.*

Amédée de Césena. — Je me demande toujours s'il y a une rivière, une montagne, une vallée ou un village sous ce nom de *Césena !* Je consulterai sur cette question héraldique mon savant ami Guigard, de la Bibliothèque impériale. M. Amédée de Césena est un homme de progrès par la distance qui le sépare, en 1860, de ses anciennes opinions politiques. En 1848, il était rédacteur en chef-propriétaire du *Triomphe du Peuple,* feuille ultrà-révolutionnaire dont le souvenir lui pèse aujourd'hui comme un boulet sur le cœur, admirateur de Proudhon, glorificateur des Doctrines radicales ; aujourd'hui, M. Amédée de Césena a retourné complètement son style et ses convictions ! Quelle force de moins pour le parti révolutionnaire ! Chante ! chante ! ô muse de la Palinodie, qu'il n'y ait bientôt plus de justes-milieux, plus de neutralités, plus de fuyards entre les deux camps du vieux et du nouveau monde !

Office central,

AGRICULTURE, INDUSTRIE, COMMERCE.

N° 1, 12 mai 1859. Bulletin hebdomadaire destiné à porter à la connaissance des différentes zones de la France le prix *vrai* des céréales et du pain.

Le Bulletin de l'Armée,

JOURNAL ILLUSTRÉ A 10 CENTIMES.

N° 1, 14 mai 1859. Paraissant une ou deux fois par semaine. Romans inédits, courriers de la guerre, récits du bivouac, contes de la chambrée, histoire anecdotique de la France militaire, impressions de voyage, biographies. Le premier n° donnait en gravures : la *Bataille de Novarre*, l'*Entrée de l'Armée française à Gênes*, les *Portraits de l'Empereur Napoléon III, du roi Victor-Emmanuel, du Prince royal*, et un *Dessin-Comique*, figurant une botte qui s'allonge sur le dos du Kaiserlick. Directeurs : Léon Beauvallet, O. Jahyer, Saint-Agnan-Choler.

Annales du Sacerdoce,

JOURNAL DE LA RÉPARATION ET DE L'ŒUVRE
DES MISSIONS.

N° 1, 15 mai 1859. Directeur : Abbé J.-A. Boulland, docteur en théologie.

L'Écho du Monde,

JOURNAL HEBDOMADAIRE A 15 CENTIMES.

N° 1, 20 mai 1859. Éditeur : P. Boizard. Rédacteurs : Maurice Christal, Adolphe, Schoeffer-Stel.

Littérature : histoire, romans, voyages, chronique des tribunaux, théâtres, modes. Musique de chant et piano : chansonnettes, romances, mélodies, actualités, quadrilles, valses, polkas, redowas, mazurkas, schottischs, varsoviannas, siciliennes, marches, sonates, fantaisies, fragments d'opéras, etc., etc.

Voulez-vous un spécimen de ses romances idiotes jetées aux échos du monde ?

> Bientôt des camps s'éteindra le tonnerre !
> De la victoire en tressant les lauriers,
> La douce paix, qui féconde la terre,
> En travailleurs changera les guerriers,
> Et l'abondance emplira nos greniers.
> Reviens alors, reviens sous la feuillée,
> Où, beau danseur, pour toi plus d'un cœur bat.
> Par tes récits viens charmer la veillée,
> Jeune conscrit, agis en vieux soldat.

La musique est digne des paroles !... archi-bête !

Journal de la Guerre,

REVUE RÉTROSPECTIVE DE NOS GUERRES ET DE NOS CONQUÊTES, ROMANS ET BIOGRAPHIES.

N° 1, 23 mai 1859. Directeur général : Jules Van Ackere. Gustave Havard, éditeur. 5 centimes le numéro. Le journal paraissait une ou deux fois par semaine, avec gravures.

Au seizième numéro, 16 juillet 1859, on lisait dans un avis aux lecteurs :

« Le *Journal de la Guerre* est loin d'avoir terminé sa tâche. »

Nous sommes plus que jamais de cet avis, aujourd'hui 20 mai 1860 ! !...

Rasoir de Figaro.

N° 1, 22 mai 1859. A succédé au *Figaro-Revue*, dont il a paru quatre numéros. Repassé à la ferraille !

Advertissements,

PETITES AFFICHES ANGLAISES.

N° 1, 25 mai 1859. *Price : one penny.* 3, rue Laffitte.

La Chronique de la Guerre d'Italie,

JOURNAL DES ARMÉES FRANCO-SARDES, BULLETIN OFFICIEL, COURRIER DE LA GUERRE, RÉCITS DU CAMP.

N° 1, 25 mai 1859. A l'épicier !

Le Courrier de l'Armée,

BULLETIN DE LA GUERRE ET DE LA MARINE,
BI-HEBDOMADAIRE.

N° 1, 26 mai 1859. Dix centimes le numéro. — Un an, 12 francs. — Directeur-gérant : Pred Homme.

Son journal est le plus beau jour de sa vie ! Ecoutez :

« Nous avons donc créé ce qui n'existe pas encore en France : un organe véritable de l'armée.... »

Et le *Moniteur de l'Armée?* Qu'en pensez-vous? que ce monsieur Pred Homme est donc *Pred Hommique!*

Revue critique,
parisienne et départementale,

BIBLIOGRAPHIE, LITTÉRATURE, MUSIQUE, NÉCROLOGIE, POÉSIE.

Charles Villagre et de Saint-Vallière. Revue mensuelle de 32 pages. 30 francs par an.

Le Zouave,

RÉCITS ET CORRESPONDANCES MILITAIRES.
ANECDOTES DES CAMPS.

Paraissant le dimanche.

N° 1, 29 mai 1859. — Jules Moineaux, rédacteur en chef. Eugène Lefort, directeur.

Collaborateurs : Gustave Mathieu, Lemercier

de Neuville, Poussecanette, Belarpion, Torgnolard, Montencroupe, Dupiton, turco en activité; Rosalie Pomée, cantinière aux zouaves de la garde; Plumeau, Chacal, Fourbi.

Voici quelques spécimens de sa rédaction :

La physiologie du zouave est résumée ainsi par le maréchal Bugeaud : Jambes de cerf, ventre de fourmi et cœur de lion.

L'origine du zouave, on la connaît; quelques mots seulement sur son humeur et son tempérament. Le zouave est généralement enfant de Paris, c'est-à-dire gouailleur, intrépide devant le danger, fort à la savate autant qu'au sabre, et se servant de l'une à défaut de l'autre s'il se trouve en face d'un ennemi. Il imite les cris de divers animaux, notamment celui de l'araignée amoureuse; compose des chansons à ses heures de loisir; possède un style épistolaire où les témérités de l'orthographe s'allient aux métaphores les plus pittoresques et les plus imagées ; il a des surnoms , tels que Fourbi, Chacal, Belarpion et Poussecanette; génériquement, fabricateur d'estropiés; souple et agile comme une panthère, il a mérité, à l'Alma, la qualification de passe-partout; comme tempérament, il est imperméable et incombustible, ce qui lui permet de vivre dans tous les climats; enfin, il mange de tout, et, pour le quart d'heure, désire manger de l'Autrichien aux petits oignons.

CORRESPONDANCES.

A M. François Lorillon, paveur, au Petit-Charonne, près Paris.

Voghera, 23 mai 1859.

Mon vieux,

Je t'écris avec une balle que j'ai reçue dans mon képi, mais que ça ne m'incommode pas du tout pour le mouvement de la main; simplement que deux pouces plus bas je l'avais dans l'œil et que ça aurait pu me gêner pour voir ce que j'écris; finalement qu'on a fini par s'empoigner avec les Autrichiens; fini, s'entend, qu'on a commencé et que j'espère qu'on en verra bien d'autres.

Quand je pense comme ça m'aurait désavantagé si j'étais devenu infirme d'un œil, à l'égard d'une jeune signora dont j'étais avec elle en tête à tête, en train de lui déclarer ma tendresse, quand, tout à coup, voilà les tambours, les trompettes, et le branle-bas du tremblement du bataclan, que j'ai été obligé de rengaîner ma déclaration, n'en ayant insinué que la moitié à la jeune signora, mais que maintenant que je suis revenu intact et complet, je vas lui dire le reste.

JEAN LARIGOT,
Soldat au 17ᵉ chasseurs à pied.

5 juillet 1859.

A Monsieur le directeur du Zouave.

Monsieur,

Je lis votre journal avec attention, il me paraît très-bien rédigé; mais, puisque votre rédaction est démenbrée, permettez-moi de me mettre sur les rangs pour vous faire des articles.

Ancien élève de M. Chassin, je puis répondre aux questions suivantes :

Grammaire. — Complète, sauf les participes, que j'ai oubliés.

Arithmétique. — Les quatre règles, les fractions, les puissances et les racines; j'extrais ces dernières avec assez d'habileté.

Géométrie. — Je mesure agréablement les paralléli-pipèdes et connais à fond les quadrilatères.

Géographie. — Ce que je sais le mieux, c'est l'Afrique, la Crimée et l'Italie.

Histoire. — Spécialement celle de France, et en particulier celle de Napoléon dans ses rapports avec l'Autriche.

Tir. — J'ai trois carabines d'honneur.

Escrime. — Je suis prévôt.

Savate. — Je décoiffe avec le pied notre tambour-major.

Blague. — A moi le pompon !

Pipe. — Je les culotte toutes!

Femmes. — Je... me tais, par respect pour les mœurs.

Voici mon histoire en deux mots : J'ai trente-trois ans, je suis de bonne famille, j'ai mangé mon patrimoine, je me suis engagé dans les zouaves il y a dix ans, et j'aime mon état.

Dans l'espoir que ma collaboration vous conviendra,

Veuillez agréer, monsieur le directeur, l'assurance de mes sentiments distingués.

JULES D'ARGENNES, dit LE MARQUIS,
Zouave de la garde.

Monsieu lundi recteure,

Paucédan une baile hécriture é hune baile haure tographe jeu des hir hécrire dans vot journale.

Je vous çalue,

DUPITON.
Turco en activité.

Mein herr,

Che brofite t'in moment pir fous écrire, pir fous dire que che zouis brisonnier, et que gomme che gonnais drès pien le lanque vrancèse, che buis vi faire tes articles drès pien faits. Pien plus, si vus me tonnez quatre sous par article, che ferai tes réfélations.

Ch evi salue,

GUEEULMAND,
Brizonnier autrichien.

Monsieur le Directeur,

Je prends la plume au nom de tout le bataillon qui en fait d'éloquence a le désir de vouloir bien écrire dans le journal avec lequel nous avons celui de vous saluer et de signer subséquemment.

Signé : BOUDART, *tambour;* BERNARD, RIBOISÉ, CHENET, FILFER *et les autres.*

BLAGO-ZOUAVIANA.

Le sapeur (à son caporal). — Après vous le journal, caporal Ducastrol, s'il en reste, pour voir un peu le rapport du général Gueulay, comment-z-il blague fermement, dit-on.

Le caporal. — Ce rapport, il m'épate que vous m'envoyez encore-z-en *putréfaction* de l'étonnement dont je me trouve.

Le sapeur (cherchant). — Je le *sarche*, le rapport, je ne le trouve pas.

Le caporal. — Au *rectum* de la page.

Le sapeur. — Si vous plaît, caporal?

Le caporal. — Je vous dis : au *rectum* de la page.

Le sapeur. — Qu'est-ce que c'est, sans vous commander?

Le caporal. — Je me surprends infiniment que vous ignorassiez une chose, dont à laquelle il n'est pas permis; il y a dans une feuille le *versum* et le *rectum*; le *rectum* c'est le derrière de la page qu'on est-z-en train de lire.

Fumet. — Dis-donc, Trémou, dès ce que c'est que l'urbanité?

Trémou. — L'urbanité c'est la déférence qui se trouve être la subséquence de l'inférieur au supérieur.

Fumet. — C'est drôle! je ne me défigurais pas que c'était ça.

BULLETINS DRAMATIQUES.

THÉATRE DE TORTONA.

Sans la permission de M. le Maire,

Aujourd'hui 23 mai 1859,

UNE BONNE RACLÉE,

Tragédie en un acte, mêlée de couplets improvisés pour la circonstance.

Un Ballet

Exécuté par les hommes du bataillon, les mieux bâtis.

INTERMÈDE COMIQUE

Le cantinier du corps se rasera sans miroir.

CHANSONNETTES

Par TAPE-DRU *de la troisième du deux,*

QUI SE RÉSERVE LE CHOIX DE SES CHANSONNETTES.

Prix d'entrée : Rien.

NOTA. On ne rendra pas la monnaie.

La représentation aura lieu à l'entrée du camp, en plein air. En cas de pluie, elle continuera tout de même.

ON PEUT FUMER DANS LA SALLE,

Mais il est défendu de se traiter d'Autrichien.

Il est permis d'applaudir si l'on est satisfait.

C'est avec cette littérature abracadabrante qu'on commentait dans le *Zouave* les grands événements de la guerre.

De ces piments, les *voyous* parisiens faisaient leurs délices. Au fond, ce patriotisme-là valait peut-être bien la boursoufflure héroï-comique de l'article Havin-Limayrac!

A son sixième numéro, le *Zouave* changeait de rédacteur en chef. Lemercier de Neuville prenait la suite des affaires de Jules Moineaux.

L'âme du *Zouave* était Jules Moineaux : ce joyeux vaudevilliste parle à merveille *l'argot* du troupier. Gustave Mathieu a publié dans cette feuille une chanson guerrière qui n'avait guère d'autre mérite que son actualité. Je lui préfère *Jean Raisin*, la *Légende du grand Etang*, *Ma Corvette*, *Cenderinette*. Certainement Gustave Mathieu, est un poëte, mais c'est aussi un rude négociant! N'est-il pas un des colloborateurs anonymes de l'*Almanach catholique* et de l'*Almanach de Napoléon*, publié par Houssiaux ? Pour un démocrate à cheval sur les principes, c'est joli !...

L'Abeille,

JOURNAL D'AGRICULTURE PRATIQUE, MORAL, SCIENTIFIQUE ET AMUSANT.

N° 1, 1ᵉʳ juin 1859. — Il faut un certain courage pour fonder un journal d'agriculture, quand la guerre met en réquisition les bras valides, quand on ne songe qu'à planter et à cueillir des lauriers! La chanson des *Bœufs*, de Pierre Dupont, a tort devant le roulement des tambours de la Ligne.

Le Courrier de la Guerre.

N° 1, 1er juin 1859. Publiait les nouvelles officielles de la guerre avant les journaux du soir. 2 francs par mois.

La Guerre d'Italie,

RÉCIT HEBDOMADAIRE, ILLUSTRÉ, A DIX CENTIMES.

Supplément au n° 218 du *Journal pour Tous*, Publication de Ch. Lahure, imprimeur.

N° 1, 4 juin 1859. — Propriétaire-gérant : Ch. Lahure. Toutes ces publications commencent invariablement par une proclamation au lecteur :

« Nous avons voulu donner à nos soldats une marque de notre ardente sympathie, en créant un recueil spécialement consacré à reproduire leurs glorieux faits d'armes.

» Nous plaçons notre Mémorial de la guerre d'Italie sous le patronage de notre héroïque armée et de nos braves alliés. »

Et allez, la musique !...

Annales de la Brasserie.

N° 1, 5 juin. Paraissant le 5 et le 20 de chaque mois. Envoyé gratis aux abonnés du *Journal des*

Brasseurs. 14 francs par an. Le houblon n'est pas l'article de fond de la brasserie parisienne.

La Nouveauté,

JOURNAL OFFICIEL DE LA BOURSE ET DU THÉATRE.

N° 1, 11 juin 1859. Deux éditions par jour.

Le Monde religieux illustré.

N° 1, 12 juin 1859. Hebdomadaire. In-4° à deux colonnes. 5 francs par an.

L'Écho de l'Armée,

QUOTIDIEN.

N° 1, jeudi 16 juin 1859. Gérant : Charles Mangin. Dans son prospectus, M. Mangin prétend que « Dieu étend sur nous son bras protecteur. » — Mon cher Monsieur, je trouve que vous prêtez au bon Dieu des bras démesurément longs. C'est en artiste que je vous adresse cette observation.

Avis aux abonnés. — Par suite d'arrangements pris avec les éditeurs, l'*Écho de l'Armée*, malgré l'extrême modicité de son prix (21 et 24 francs par an ! fichtre !), se trouve encore en mesure de donner, à chacun de ses dix mille premiers abonnés, des primes vraiment exceptionnelles.

Ces éleveurs de *canards* ont des prétentions vraiment cocasses. Dix mille abonnés ! rien que ça pour commencer !... La *Gazette de France*, cette vieille fée, est moins ambitieuse.

La Trompette de la Victoire.

DIRECTEUR : M. GUILLOT.

N° 1, 19 juin 1859. Bulletin quotidien, orné d'une gravure représentant la Victoire en train de souffler dans un mirliton.

Aux lecteurs. — Ce journal, qui fait de grands sacrifices pour maintenir, dans les conditions de la plus stricte moralité, la presse temporaire dont il fait partie, en s'imposant un contrôle sévère sur les vendeurs chargés de les distribuer, s'abstient, à son propre préjudice, de paraître sans donner les dernières nouvelles.

Ah ! la stricte moralité vous coûte de grands sacrifices ? Eh bien ! d'accord. Mais vous abusez de votre trompette !

Le Bellorama.

Guerre d'Italie. — Carte périodique des événements militaires. — Plans stratégique des armées. — 30 et 40 francs, selon les couleurs et les dessins.

Le Bargis Baris

(L'AIGLE DE PARIS).

Journal imprimé en langue arabe, à Paris. F. Bourgade. In-folio à deux colonnes.

L'Algérie agricole,

COMMERCIALE ET INDUSTRIELLE.

Recueil mensuel, contenant des mémoires, des monographies et des renseignements de toute nature sur l'agriculture, la colonisation, le commerce et les diverses industries algériennes. 10 francs par an. Imprimerie Cosson.

Nouvelles Annales d'Agriculture,

REVUE DES FERMES IMPÉRIALES.

Organe de la Compagnie des Constructions rurales économiques, de la Compagnie générale du Drainage et de la Société d'Acclimatation.

Directeur : C.-A. Oppermann, ancien ingénieur des ponts-et-chaussées, directeur des *Nouvelles Annales de la Construction*, du *Portefeuille économique des Machines* et de l'*Album de l'Art industriel*. — Grand in-4° à deux colonnes, 36 pages et 3 planches.

Le Pain quotidien,

JOURNAL EXCLUSIVEMENT RELIGIEUX.

Bien ! très-bien ! ce sous-titre est d'une énergique vérité. La calotte blanche du mitron est aussi imposante qu'un bonnet carré. La chambre à four du pâtissier sent meilleur que celle de l'Inquisition.

La Culture,

ÉCHO DES COMICES ET DES ASSOCIATIONS AGRICOLES
DE FRANCE ET DE L'ÉTRANGER.

Publié par M. A. Sanson, ex-chef des travaux chimiques et agronomiques à l'École impériale vétérinaire de Toulouse.

N° 1, 1er juillet 1859. 5 fr. bi-hebdomadaire.

L'Estafette de la Guerre.

N° 1, 2 juillet 1859. Quotidien. 21 fr. Vous n'êtes pas au bout de ces messageries!...

L'Exhibition,

MONITEUR DE L'EXPOSITION RÉGIONALE DE ROUEN.

N° 1, 7 juillet — 20 fr.

Le Petit Zou-Zou illustré,

Journal hebdomadaire, comique et littéraire, drôlatique et pour rire, biographies et romans, fastes militaires et anecdotes. Le numéro 5 centimes.

N° 1, 8 juillet 1859. Directeur : G. Richard. Collaborateurs : A. Halbert, d'Angers, Léon Pournin, Jules Choux, E. Moret, Ferdinand de Mauny, Paul Thouzery, A. Derbué.

A nos lecteuurs. — Encore un journal, allez-vous dire en voyant ce numéro; nous en avions déjà une avalanche assez notable : comment celui-ci espère-t-il se mettre en ligne! Mon Dieu, si nous avons eu tort d'obéir à notre inspiration, nous avouerons que nous y avons été engagés par un vieux refrain de nos pères qui dit :

Plus on est de fous plus on rit,

et justement pour faire diversion aux graves questions du moment, nous avons voulu rire; le lecteur jugera si nous avons eu tort.

Oui, vous avez eu tort! parce que vous n'avez pas su rire, parce que vous n'étiez pas risibles, parce que votre titre de journal n'était qu'une mauvaise charge ! Vos anecdotes, vos épigrammes, vos saillies, vos calembours, vos dessins, votre sel attique, vos bons mots, tout cela vieux chiffon, vieux bois, vieux procédés, lie et vin à 4 sous ! Vous, des amis de la joie, des rieurs, des fous ? Voulez-vous vous taire !

Courrier des Théâtres et des Arts,

Fondé le 10 juillet 1850, par Louis Poirier, ancien administrateur et co-propriétaire du *Moniteur des Théâtres*.

Louis Poirier, directeur-gérant de la nouvelle feuille, y fut suivi par M. Paul Mahalin, qu'accompagna en masse l'ancienne rédaction du *Messager*, composée de MM. Masson, Langlois, Alphonse Baralle, Adrien Marx, etc. Dans *le Courrier*, Philoxène Boyer a commencé un très-remarquable travail intitulé : *Balzac au Théâtre*, et a consacré, à Privat d'Anglemont, quelques lignes écrites avec l'éloquence du cœur. Malheureusement, des événements de famille forcèrent Louis Poirier à abandonner la partie. Au bout de quatre numéros hebdomadaires, *le Courrier* cessa de paraître.

Il n'est point inutile, pour l'histoire des variations et des métamorphoses de la presse, de consacrer ici quelques lignes aux dissensions intestines qui ont dévoré la cassine du *Courrier*, et qui ont percé de part en part la cambuse actuelle du *Messager des Théâtres*.

Le Messager des Théâtres. — Fondé en 1847, par Lireux et A. Denis, rédigé successivement par ces deux écrivains, par le dernier seul, puis, à la suite du passage de celui-ci à *la Revue et Gasette des Théâtres* (octobre 1857), par Darthenay, Xavier Eyma et Paul Mahalin, tous trois démissionnaires, cessa de paraître, en mai 1859, en vertu de la dissolution de société prononcée par le tribunal de commerce au commencement dudit mois.

C'est *le Messager des Théâtres* qui, sous la rédaction d'Achille Denis, a provoqué la révision des statuts de l'Association des Artistes dramatiques, révision due à l'initiative du comédien Pierron, approuvée depuis par le gouvernement, et obtenue par M. A. Denis, après une polémique très-longue et très-violente. Cette révision, accomplie dans un esprit de progrès et de justice, a porté ses fruits. Tant que *le Messager des Théâtres* est resté dans les voies littéraires et élevées d'Achille Denis, de Darthenay, de Xavier Eyma, il a pu compter dans la presse et se faire écouter des artistes. Sous Paul Mahalin, il avait encore du bon et du vrai. Mais sous M. Paul Ferry, ô mon Dieu ! quelle encolure ! quelle monture et quelle littérature !

Au mois de juin 1859, il fut vendu aux enchères publiques, comme un vieux bahut, et acheté 1,500 fr., par le sieur Ferdinand Jacqueau, homme d'affaires. La direction resta entre les mains du sieur Alphonse Moreau, également homme d'affaires, et la rédaction fut confiée à M. Paul Ferry.

M. PAUL FERRY. — Né à Nancy, en 1827, de parents pauvres mais honnêtes, est d'abord garçon coiffeur, place de la Cathédrale. Il se fait, par quelques *essais,* remarquer des lotharingophiles, vieux gentilshommes lorrains, ecclésiastiques, marguilliers et bourgeois fossiles. On le fait entrer à l'école des frères, et l'on salue en lui le *Jasmin du Nord* (sic). Lui-même s'est donné ce titre ! En 1848, il publie *les Fleurs lorraines,* petit volume de vers tellement fugitifs et pauvres, qu'ils sont allés se cacher à la Bibliothèque de la ville, à laquelle l'auteur en a fait don. M. Paul Ferry est classique forcéné. Victor Hugo est sa bête noire. Il lui retourne plusieurs fois, publiquement, l'épithète de polisson dont il entend venger Racine. Les années suivantes, nous retrouvons, çà et là, M. Paul Ferry, dans *l'Impartial de la Meurthe,* journal alors réactionnaire, et dans les concours poétiques d'Avignon, de Falaise et d'Yvetot. Il se montre de plus en plus puritain, religieux, orthodoxe, jusqu'à la langue française exclusivement. Son seul article de critique locale date de cette époque : c'est un éreintement jésuitique de *la Dame aux Camélias*, pour lequel il fut vertement houspillé par des plumes indépendantes. Il compose alors, dans le silence du cabinet, sa tragédie de *Charles le Téméraire*. En 1852, cette tragédie et lui partent pour Paris. La tragédie paie un surcroît de bagages, et M. Paul Ferry la voit refusée partout. Il se rejette dans la la comédie : *Se trouvant bien supérieur* à Ponsard, il improvise, sur-le-champ, *la Course à la Fortune*, comédie en cinq actes, en vers. La pièce bâclée, M. Ferry l'envoie bravement à M. Camille Doucet. Celui-ci reçoit M. Ferry avec sa courtoisie habituelle, mais il déclare la pièce impossible, il conseille à l'auteur de travailler, de s'en prendre à des choses proportionnées à son talent. M. Ferry sort furieux ! Autrefois il accusait hautement de jalousie M. Camille Doucet, maintenant il ne récrimine plus qu'à voix basse. *La Course à la Fortune* est portée à l'Odéon. « Malheureusement, — c'est l'auteur qui parle, — Dumas père lisait *la Conscience !* » M. Ferry remporte son manuscrit, après avoir arrangé de la belle manière le directeur et les comédiens. « Ils ne l'auront pas, dit-il encore maintenant, cette pièce qui est à cent pieds au-dessus de *la Bourse*, de *l'Honneur et l'Argent !!!* » Plus tard, il fonde, avec un perruquier de la Villette, *le Panthéon populaire*, journal qui n'a eu que quelques numéros. Après toutes ces cascades, il revient à Nancy, où il est correspondant de *l'Impartial des Théâtres*, journal parisien décédé il y a deux ans. Une série d'articles qu'il publie contre le sieur Bessière, directeur du théâtre, et contre les principaux pensionnaires, l'amène en police correctionnelle. Condamné par le tribunal, il retourne à Paris, et vient, au débotté, trouver, au Messager des Théâtres, son compatriote, Paul Mahalin, qui le présente à la direction du journal ; M. Ferry y fait, sous pseudonyme, les comptes-rendus du Théâtre-Molière, jusqu'au 1er avril 1859, jour où Mahalin donne sa démission de rédacteur en chef. M. Ferry, en homme qui a fait ses preuves d'auteur tragique, et qui ne doute pas du prestige de son nom, s'offre spontanément pour remplacer Paul Mahalin. Ce toupet de perruquier en vacances réussit aux yeux des directeurs-propriétaires du *Messager*. M. Paul Ferry débute, dans sa rédaction en chef, par la réhabilitation de M. Scribe, et par la restauration de toutes les vieilles friperies de l'ancienne école (voir *le Messager* du mois d'avril). Tel est l'écrivain qui dirige les destinées de la critique, sous la haute inspection de M. Alph. Moreau, tel est le réformateur du drame et de la comédie modernes ! *Le Messager des Théâtres* est l'*omnibus* de tous les littérateurs qui ont des *cheveux* dans le style et dans l'existence !

PAUL MAHALIN est né à Épinal, patrie de Pellerin, de Rigolboche, de Pixérécourt, des cartes à jouer et des soldats de papier à 1 sou, il y a de cela trente-sept ans, en dépit de ses insurrections quotidiennes contre son acte de naissance. Il passa sa première jeunesse à méditer les œuvres dramatiques de son compatriote, à boire du cassis, à culotter des pipes, à médire de Racine, à apprendre par cœur Molière dans les sentiers fleuris de l'école buissonnière. Il préférait cette école-là à celle des Frères.

Enfourchant un wagon de 3ᵉ classe, il débarqua, un beau matin, à Nancy, la ville cléricale et aristocratique, qu'il étonna longtemps par l'excentricité de son fez algérien, les crocs vainqueurs de ses moustaches, le fouillis de sa chevelure, l'ampleur de ses chausses et l'exiguïté de ses pourpoints. Le jeune Paul rêvait alors de moyen âge, de poulaines, d'archers, de châtelaines et de damoiselles, de damoiselles surtout! Aujourd'hui, il en rêve encore, mais ne les appelle plus que des *bébés de marbre*. Il écrivit, à cette époque, la *Biographie de Pierre Gringoire*, qu'il publia tour à tour dans trois ou quatre journaux de province et de Paris. Il compilait alors à la solde d'une compagnie d'antiquaires lorrains. Mais tout s'use en ce bas monde, même le métier de compilateur. Le jour arriva où Mahalin dut dire adieu aux archives et à l'antiquité, pour se réfugier dans la Bohême. Le célèbre livre de Murger venait de paraître. Mahalin crut à une régénération sociale! Il remplaça avec enthousiasme ses bretelles par des ficelles, la réalité

par des songes, ses déjeuners par des calembours, ses dîners par des *mots*. Correspondant, pour le théâtre de Nancy, du *Messager des Théâtres*, il adressait à MM. Hiltbrunner et A. Denis des articles empanachés de phrases comme celles-ci :
— « Il pleut de l'ennui, et je suis sous la gouttière. — Pour que je comprenne, il me faut allumer un bec de gaz dans mon intérieur. — A propos du *Cheval de Bronze*, opéra dont l'action se passe en Chine, — « il y a cette différence entre la mère Moreau et M. Auber, que la mère Moreau se sert d'une recette pour faire des chinois, et que M. Auber se sert des Chinois pour faire une recette. » — Il a incrusté cette dernière plaisanterie dans près de deux cents comptes rendus.

A cette époque, il fit paraître un roman, le *Capitaine Fabrice*, dans l'*Europe artiste*. De Nancy, il s'élançait, de temps à autre, sur Strasbourg, passait le Rhin en compagnie de son camarade E. Mathieu de Monter, et se livrait, avec ce dernier, jeune, romanesque et croyant comme lui, amoureux de toutes les femmes, à une incroyable consommation de chopes, de calembours, de vin du Rhin, pendant que les bandes d'Eckerr et de Robert Blum combattaient pour la liberté dans les gorges de la Schwarzwald. Plus tard, il racontera cette période étonnante de l'histoire de la Souabe, où les dés des femmes servaient de moules à balles, et où la mousqueterie des dragons ducaux scandait, parfois dans les villages, les *lieders* patriotiques. De retour à Nancy, au milieu des cabotins dont il faisait sa société habituelle et ses délices, Mahalin écrivait ses souvenirs d'Allemagne avec cette phraséologie qui rappelle trop la phrase pyrotechnique de Paul de Saint-Victor, les débauches d'esprit de Banville, les afféteries de Marivaux et la vivacité de repartie des Crispins et des Tabarins. Une fraction de cette correspondance a paru dans l'*Europe artiste*, sous ce titre : *De Strasbourg à Nancy*.

A la mort de Pommereux, Achille Denis quittant *le Messager des Théâtres* pour la rédaction en chef de *la Revue et Gazette*, Mahalin lui succède, et sa critique ravive un moment cette feuille. Mais toujours entraîné par ce que Montaigne nomme si justement : « *L'envie de paroistre*, » il tombe dans l'exagération, et détériore, sans s'en douter, les qualités littéraires de son esprit. Incapable de modération, amoureux des couleurs vives, des excentricités, des rodomontades, il proclame Théophile Gautier son maître, l'appelle tout comme Arsène Houssaye, *Théo*, jalouse les gilets et le passé de Roger de Beauvoir, met sa gloire à tutoyer les comédiens. A sa sortie du *Messager*, il a fondé, avec M. Poirier, *le Courrier* (quatre numéros) ; — a travaillé à *la Causerie* avec M. Cochinat qu'il nomme un ramoneur de lettres ; — au *Gaulois*, au *Rabelais* ; a passé au *Diogène*, au *Mousquetaire*. L'entrevue de Villafranca a interrompu, au Cirque-Billion, les répétitions générales des *Martyrs de l'Autriche*, drame de commande, fait avec Carjat et la collaboration imposée de Labrousse, l'homme qui a gagné toutes les batailles de l'Empire... au Cirque.

Essentiellement *bohême*, M. Paul Mahalin ne se fera jamais un nom sérieux ; il manque de jugement, de tact, de logique et d'esprit d'ordre. On a dit de lui que ses articles sentaient la femme, les soupers fins et les londrès. Cette odeur-là n'est pas plus mauvaise qu'une autre quand on sait en user, mais autrement elle énerve. M. Paul Mahalin est une incarnation frappante du *Lousteau* de Balzac ; il est et restera *articlier*. Au physique, c'est une moustache rutilante et un nez de travers juchés sur une anatomie mobile comme une girouette.

Au moral... ah ! diable ! qu'est-ce que M. Paul Mahalin peut être au moral ?... Permettez-moi de glisser sur ce mystère. J'ai peur de la loi qui va protéger les morts !

La Victoire,

JOURNAL DES CONQUÊTES DE LA GUERRE ET DE LA PAIX.

Paraissant régulièrement tous les dimanches.
NOTA. (*Pendant la guerre.*)

N° 1, 10 juillet 1859. Rédaction : S.-R.-P. Grandménil, médecin, ancien gérant de *la Réforme*. Librairie Gustave Havard.

La Victoire, de M. Grandménil, n'avait pas de caisse ! Une caisse est pourtant le premier attribut de la Victoire. Mais, par une note sonore et entraînante, M. Grandménil priait ses souscripteurs de verser leur monnaie dans les caves de la Banque de France. Quel luxe! monsieur, quel luxe!

Profession de foi du journal LA VICTOIRE.

Cette profesion de foi peut être résumée dans les lignes suivantes :

VICTOIRE!!!

1° De l'armée franco-italienne sur les armées autrichiennes;

2° De l'indépendance des peuples sur l'oppression étrangère;

3° De la paix bienfaisante et durable sur la guerre atroce et perpétuelle;

4° De la lumière éclatante sur les ténèbres épaisses qui la recouvrent en l'étouffant;

5° Des principes consacrés en 1789 sur les principes régnant en 1788;

6° De la science, qui instruit en éclairant, sur la superstition, qui obscurcit en abrutissant;

7° Du bien et de l'ordre, qui sont le principe de vie des sociétés, sur le mal et le désordre, qui en sont le principe de mort;

8° De l'aisance et du bien-être, qui vivifient le corps et l'esprit, sur la misère et la souffrance, qui les font mourir de désespoir;

9° De l'amour fraternel, qui rapproche les hommes, sur la haine envieuse et jalouse, qui les divise en les déchirant;

10° De la santé brillante, qui ranime et fortifie, sur la maladie cruelle, qui tue en torturant;

11° Des communications internationales, qui relient

les intérêts des peuples, sur l'isolement et l'égoïsme, qui les empêchent de se voir, s'entendre, s'éclairer et se secourir mutuellement;

12° Enfin, de l'unité de civilisation en tout et partout sur la sauvage barbarie, qui empêche le développement des sentiments moraux et des facultés intellectuelles chez toutes les races humaines.

Ne dirait-on pas une thèse de Thomas Diafoirus? Cette *Victoire*, qui fait sa profession de foi en douze alinéas scientifiques, politiques et médicaux, me paraît fort réjouissante, mais moins bouffonne que celle-ci :

> LA VICTOIRE, *en chantant, nous ouvre la barrière :*
>   *La Liberté guide nos pas;*
> *Et du Nord au Midi, la trompette guerrière*
>   *A sonné l'heure des combats.*
>   *Tremblez, ennemis de la France,*
>   *Rois ivres de sang et d'orgueil!*
>   *Le Peuple souverain s'avance :*
>   *Tyrans, descendez au cercueil!*
>   *La République nous appelle,*
>   *Sachons vaincre ou sachons périr,*
>   *Un Français doit vivre pour elle,*
>   *Pour elle un Français doit mourir.*

Quand on songe froidement que c'est avec cette poésie avinée, ces couplets titubants, qu'on a ouvert la marche de nos dernières révolutions, on se sent pris de nausées violentes; on est tout honteux de s'être frotté aux héros d'une telle mystification: Allez donc, gobe-mouches de la veille, oies bridées du lendemain, avec vos rêves de liberté, de souveraineté, d'égalité, de fraternité, avec vos trompettes et vos pétards ! Allez voir s'ils viennent les grands jours promis aux imaginations populaires, s'ils se retrouvent les républicains des temps antiques. Oui, la Victoire vous a ouvert des barrières ! mais celles des marchands de vin; la Liberté a guidé vos pas ! mais vers des peupliers et des clubs. O processions macaroniques ! consécrations de la farce et du plagiat ! Il est joli, votre peuple souverain, dans la rue, dans l'atelier, dans le cabaret, quand il se met à hurler contre le prêtre, le rentier, le propriétaire, le sergent de ville, la loi, l'autorité, l'aristocratie; il est majestueux dans son rôle de briseur de volets et de réverbères ! Ah ! vous voulez que les rois ivres de sang et d'orgueil tremblent devant vos scies révolutionnaires ! Que les tyrans descendent au cercueil ! Plaisante injonction ! Pourquoi, s'il vous plaît ? pour nous imposer vos royautés en blouses, vos cités ouvrières, vos ateliers nationaux, vos assemblées cancanières, vos gardes mobiles, vos Vésuviennes, vos pompiers politiques, vos journées de juin et vos impuissances gouvernementales? Allez donc vous coucher et vous laver, culotteurs de pipes démocratiques, braillards, couards, bâtards; laissez-nous tranquilles avec vos manifestes Lamartiniens et vos chœurs de gardes nationaux. Malheur aux révolutions qui se font avec les couplets du pindarique Lebrun ! Malheur aux révolutions qui chantent !...

Le Guide du Carrossier,

BULLETIN INDUSTRIEL DE LA CONSTRUCTION DES VOITURES.

Illustré de planches et dessins par Thomas, ancien charron et menuisier en voitures, actuellement professeur et dessinateur dans cette industrie. — 11, rue de Moscou. — 20 fr. par an, paraissant le 15 du mois.

La Chapelle.

N° 1, 15 juillet. — Fondée par M. E. Juvin, qui en est le directeur-éditeur, elle publie par mois une livraison contenant deux ou trois *motets* à une, deux ou trois voix, avec accompagnement d'orgue, facile et doigté, par L.-F.-A. Frelon, soit 96 pages in-folio par an. — Prix : 8 fr., *franco*. 47, rue Meslay.

La Nation,

GLORIFICATION DU TRAVAIL, GYMNASE INDUSTRIEL.

(Suite du *Panthéon des Ouvriers.*)

N° 1, 16 juillet. — Grands titres pour de petites revues remplies de petites rédactions et de petits rédacteurs ! Comme on a abusé de ces grands mots, travail, liberté, égalité, fraternité, association, progrès, misère, république, classe ouvrière!... thème banal de tous les utopistes et de tous les mécontents. Que diable veulent-ils donc ces régénérateurs de la société? Est-ce que tout ne marche pas au gré de la divine Providence? Est-ce que les ouvriers n'ont pas des tailleurs comme les aristocrates? Est-ce que la démocratie n'est pas bien mise, correctement habillée, soigneusement lavée? Voyez-la inonder le trottoir, le dimanche, en paletot, en chapeau, le cigare à la bouche, le jonc à la main, le lorgnon sur l'œil, le faux col en arrêt, la raie au milieu du front. En vérité, il y a des gens qui ne seront jamais satisfaits.

Le Courrier.

20 juillet, 49ᵉ numéro du *Courrier de la Guerre*. Quelle déroute pour tous ces postillons!

Le Petit Courrier Français,

ANCIENNE ESTAFETTE DE LA GUERRE.

20 juillet.

La Petite Presse.

N° 1, 10 juillet 1859. — Paraissant trois fois par mois. On est prié de ne pas confondre la *Petite Presse* de 1859 avec la *Petite Presse* de 1857. Celle de 1857, rédigée par MM. Alphonse

Duchesne, E. Mathieu de Monter, Jules Mahias, et J.-F. Vaudin, n'a jamais eu la moindre parenté littéraire avec la *Gazette*-Sirven, qui a paru avec une vignette représentant un crocodile et un singe. Que signifie ce singe ? Est-ce l'emblème de l'esprit qui préside aux destinées de ce journal ? Ce singe n'est pas sans analogie ! mais le crocodile que représente-t-il ?

Rédacteur en chef: Alfred Sirven, auteur de plusieurs romans politiques : le *Travail, projet d'organisation contre le chômage ;* les *Cinq centimes, projet d'assistance générale et mutuelle.* Il descend, par le nom, de Sirven, le martyr de l'édit de Nantes. Je ne lui connais qu'un malheur, celui d'écrire.

Collaborateurs : Coutant, prote d'imprimerie, ex-rédacteur en chef de la *Critique morale.* Docteur B. Bunel, Adolphe Favre, Lomon, critique colossal du journal l'*Aigle* de Toulouse, Émile Charpentier, Alphonse Choulan, Boyé, Rivré, Fierval, Théodore Labourieux, de Jemonville.

ADOLPHE-BENESTOR LUNEL, né à Tamines (Belgique), en 1822, docteur, collaborateur d'un grand nombre de journaux scientifiques et littéraires, membre de l'Académie impériale des Sciences de Caen, ancien médecin commissionné par le gouvernement pour l'épidémie cholérique de 1854, membre honoraire et secrétaire perpétuel de la société des Sciences industrielles, Arts et Belles-Lettres de Paris, membre correspondant de l'Académie impériale de Chambéry, de la Société d'émulation littéraire de Joigny, auteur du *Dictionnaire de la Conservation de l'Homme*, du *Dictionnaire universel des Connaissances humaines*, directeur de la *Revue des Sciences, des Lettres et des Arts* (fondée en 1849, sous le titre de *Mémorial*), paraissant le 1ᵉʳ et le 15 de chaque mois. Le docteur Lunel est déclassé à la *Petite Presse*.

ADOLPHE FAVRE, né à Lille, en 1808, auteur d'un grand nombre de romances et d'un volume de vers : l'*Amour d'un Ange* (ce n'est pas sa plus belle affaire!) Parmi ses romans, nous citerons : le *Carrefour de la Croix*, deux volumes, l'*Amour et l'Argent*, deux volumes, l'*Œuvre du Démon*, trois volumes (rien que ça ?) et le *Capitaine des Archers*, deux volumes. Il dirige, depuis 1851, la *Revue parisienne*. Des nouvelles et des romans dus à sa plume y ont obtenu un véritable succès. Il est lauréat de plusieurs sociétés savantes. Une médaille en or et deux en argent lui ont été décernées pour ses œuvres poétiques.

Un grand fait marque dans sa vie. On avait jusqu'ici attribué, dit le major Paul Roques, à la Royauté de juillet, le premier projet de la rentrée des cendres de Napoléon en France. Fables et chansons! M. Adolphe Favre est le premier propriétaire de cette idée, ajoute le major Roques! Dès le 7 août 1830, dans un brochure en vers : l'*Homme du Rivage, ou l'Illustre Tombeau*, il a demandé au roi Louis-Philippe la réalisation de ce grand acte, affirme toujours le major Roques. Enfin, en 1840, son vœu est accompli, s'écrie le major Roques! Tout cela porte M. Adolphe Favre à croire qu'à la honte de la monarchie de juillet, il a découvert Napoléon à Sainte-Hélène.

Aujourd'hui *la Petite Presse* paraît tous les huit jours. Les jeunes *gars*, qui la rédigent sont presque tous pénétrés de leur importance ! Je les trouve d'une étonnante naïveté, ces petits nègres du journalisme.

Le Moniteur des sciences morales et pharmaceutiques.

N° 1, 23 juillet. Directeur : de Castelnau.

Emulation (la) Medica,

PERIODICO DE MEDICINA CIRUJIA Y CIENCIAS AUXILIARES.

Entrega, 1° tomo, 25 de julio 1859. — Paris, 10 fr.

Le Monde artiste.

N° 1, 28 juillet. — Sans couleur et sans intérêt. Décédé avec ses projets de réforme théâtrale. En tête du premier numéro, M. Victor Herbin s'était donné la peine d'expliquer le but de cette entreprise. *Le Monde artiste* se proposait de consoler les cabotins, de recueillir leurs larmes, de relever le monde des théâtres et de composer *le Livre d'Or des Comédiens!!* Un livret à la caisse d'épargne vaudrait mieux ! Les rédacteurs, ou plutôt les réformateurs du *Monde artiste*, étaient MM. Victor

Herbin, Sénécal, P. Roux, Jourdain, ex-directeur des théâtres de Versailles, d'Amiens, de Gand, de Strasbourg, et ex-inspecteur des pavés de Paris!

Le Propagateur scientifique et littéraire,

REVUE HEBDOMADAIRE.

Religion, sciences, commerce, arts, industrie, assurance, hygiène, médecine, morale, agriculture, législation, appliqués à la vie pratique.

12 fr. — Imprimerie Cosson.

Le Magasin militaire des Français en 1859,

ÉCHO DE LA GUERRE, ILLUSTRÉ.

L'Année dominicaine,

BULLETIN MENSUEL DU TIERS-ORDRE DE ST-DOMINIQUE,

Moniteur de tous les couvents de cet ordre.

N° 1, juillet 1859. — 3 fr. Librairie Poussielgue.

Les Contemporains populaires.

N° 1, 1859. — Éditeur, Jules Laisné. Administrateur : A. le Gallois. Journal à cinq centimes. Une ou deux livraisons avec deux portraits et deux biographies par semaine. Dupin, Garibaldi, l'inévitable Béranger, etc., ont leurs caricatures dans les premiers numéros de ce recueil.

La Fine Causerie,

REVUE DE L'ESPRIT DES IDÉES MODERNES (r. s. v. .?

N° 1, 1er août 1859. Dix centimes le numéro. Trois francs par an. Paraissant chaque samedi. — Si vous trouvez par les grands chemins quelque chose de plus triste, de plus plat, de plus chétif, de plus informe, de plus horripilant et de plus navrant que cette *Fine Causerie*, je vous prie, lecteur, de m'en informer, car je viens de confectionner une cage où je prétends loger, pour l'enseignement des générations, les petites horreurs de la Littérature et des Arts. Voulez-vous un échantillon du style et de l'esprit de la *Revue* rédigée par M. Henri Bordeaux? Voici : c'est un morceau détaché de sa *partie récréative* :

« L'esprit n'est point méchant, et si quelque chose puisse lui plaire, il se laissera certainement amuser. Tels plaisirs conviennent à tels tempéraments, dont le caractère est déjà disposé d'avance à toute gaîté. Néanmoins il n'y a pas de cœurs qui ne se laissent volontiers séduire aux formes vaporeuses que l'imagination aime de caresser de la pensée, et ne se complaise à refléter les mille attraits de la plus belle des existences, où l'esprit, transporté par les ailes dorées de l'espérance par une fée inspiratrice dans les voies éthérées du ciel, ne songe plus qu'aux ineffables joies que procure le séjour des délices d'une olympe formée à sa fantaisie (!!!!) L'âme bercée des plus mystérieuses illusions se fait l'écho harmonieux d'une musique enchanteresse par les vibrations voilées de ses sons indéfinissables, mais que l'on ressent bien; c'est la majesté resplendissante du bonheur; c'est l'esprit dans tout son éclat; c'est le cœur dans sa félicité suprême; c'est l'imagination enfin dans sa pure essence intellective. » (!!!!)

Maintenant voici pour la *partie sérieuse?*

« Ne voulant point passer toute ma vie à examiner ce qui est autour de moi sans me rendre utile à mon tour dans les idées actuelles, je viens apporter vingt ans d'études et d'expérience à la rude école des épreuves et des difficultés de la vie qui amènent tant de déception, dont le premier devoir de tout écrivain est précisément de les aplanir ou de les diminuer de tout ce qu'il peut à ses semblables. »

Assez!... assez!... M. Henri Bordeaux réclame l'impartialité de ses lecteurs? Nous allons lui donner une faible preuve de la nôtre. Écoutez! ô M. Henri Bordeaux : vous avez, dites-vous, en réserve, pour vos besoins d'écrivain militant, un fond de vingt années d'études et d'expérience. Je ne nie pas ce chiffre d'années, mais je nie l'étude et l'expérience. Je nie même votre grammaire! Je n'ai cité ici que quelques phrases de votre *Fine Causerie*. Est-ce assez iroquois dans la forme et dans l'instinct? Mais, malheureux, je vous arrête, je vous dénonce à la République des lettres, si vous continuez à violer ainsi la langue française. Elle a des pudeurs, des virginités, des vertus, que vous brutalisez à chaque phrase. Tenez! je ne vous en veux pas, vous êtes peut-être un garçon sincère, laborieux, convaincu. Raison de plus pour écouter ma voix indépendante. Eh bien ! renoncez à la *Fine Causerie*. Vendez plutôt des paillassons ou des chaînes de sûreté.

Journal du Progrès des sciences médicales

ET DE L'HYDROTHÉRAPIE RATIONNELLE,

Rédigé par M. Fleury, agrégé honoraire de la Faculté de Médecine de Paris.

Collaborateurs : Bouillaud, Denonvilliers, Gavarret, Gosselin, Jobert de Lamballe, Longet, Malgaigne, Nelaton, Piorry, Wurtz.

BUREAUX, RUE COQ-HÉRON, 5.
30 centimes le numéro.

Le Croisé.

Dieu le veut!

N° 1, 6 août 1859. — Grand in-4° à deux colonnes, paraissant le samedi. Abonnements, 15 et 18 fr. par an, pour Paris et la province.

Rédacteur en chef : Ernest Hello. Collaborateurs : le R. P. Ventura de Raulica, Georges Seigneur, L. Veuillot, Escobar, Pierre L'Ermite, Ignace de Loyola, Loriquet, Tartuffe, Basile, etc.

Le Croisé est une souquenille de jésuite apprêtée en forme de journal.

Le Croisé a pris le format et le fond de commerce du *Réveil*. Son titre indique suffisamment sa noblesse ; mais sa devise vaut-elle la peine qu'on la commente un instant ? Pourquoi pas ? on s'arrête bien devant les jongleurs et les femmes sauvages ! *Dieu le veut!* s'écrie *le Croisé* de 1860 comme celui des beaux temps de la Foi ! Et sur ce refrain de guerre d'extermination, le journal de M. Ernest Hello entre en campagne contre les progrès philosophiques et politiques de la Révolution française, court sus à Voltaire, Fichte, Spinosa, Platon, Schelling, Pyrrhon, Hegel, qu'il entremêle et enveloppe dans une même malédiction, tombe sur le protestantisme, la liberté de conscience, la littérature profane, *la Revue germanique*, *la Revue des Deux-Mondes*, Renan, Luther, Calvin, Rousseau, Proudhon, renie tous les triomphes intellectuels, matériels, religieux, artistiques qui se sont produits sans la permission de l'esprit catholique. Son idéal évangélique est extrêmement varié ! Il prêche dans le style magistral de M. Barbey d'Aurévilly, en *des lignes émues, éclairées des rayons du ciel*, la macération de la chair, l'obéissance aveugle, la pénitence, le tremblement ! Il prétend que l'étoile d'Orient, l'étoile des mages, — ce lampion allumé dans le ciel par des imaginations de bergers, — est l'unique phare de l'Humanité, et que la science, pour se rajeunir, doit aller herboriser en Galilée.

Après quoi *le Croisé* raconte, de temps en temps, en guise de variétés littéraires, la vie et la mort de quelques saints et chers confrères enlevés à leurs ouailles inconsolables. Après tout, la lecture du *Croisé* n'offre rien de trop triste, et il n'y a pas de quoi fouetter M. Hello, le Bas-Breton, du bout de la plume. *Le Croisé* et la croisade ne partent plus pour la conquête de l'Infidèle, que de la rue Coq-Héron. L'abonnement n'est pas demandé avec enthousiasme. Le fameux mot d'ordre : *Dieu le veut!* se vend à peine dans les kiosques. La Foi coûte 30 centimes les vingt-quatre colonnes.

Dans *l'Univers* du 21 novembre 1859, M. Louis Veuillot a recommandé à la sympathie des lecteurs ultramontains, M. Ernest Hello et son *Croisé*, par cet entrefilet :

Nous avons annoncé à nos lecteurs, il y a deux mois, l'apparition d'un nouvel organe de la cause catholique, le *Croisé*. Nous sommes heureux de pouvoir aujourd'hui confirmer les éloges que méritaient les intentions et le talent déjà constaté des rédacteurs. Le *Croisé* est une œuvre pleine de jeunesse, d'ardeur et de sincérité, et qui n'a besoin que d'être un peu appuyée pour prendre une place tout à fait distinguée et rendre de grands services dans le combat de la vérité contre l'erreur. Les questions de philosophie, de littérature et d'art sont en général abordées dans le *Croisé* avec une plénitude de foi et une hauteur de vues qui peuvent déconcerter beaucoup d'opinions admises, mais qui n'en sauront pas moins se faire admettre à leur tour. Nous avons dit que nous citerions le *Croisé* ; nous croyons ne pouvoir mieux le recommander à la sympathie des lecteurs chrétiens qu'en tenant notre parole. Le remarquable article qu'on va lire n'est pas le seul que nous aurions pu emprunter soit à M. Hello, soit à ses collaborateurs.

Louis Veuillot.

L'article de M. Hello était intitulé : *Babel*. Remarquable fatras de raisonnements cagots.

M. Louis Veuillot enrégimente sous sa bannière gothique et arme de son mépris pour la Liberté moderne, toutes les lâchetés et toutes les apostasies de notre monde constitutionnel. Il fait des levées dans les races déshéritées des nobles priviléges de l'amour et de la poésie, dans la jeunesse mutilée qui cligne pudiquement de l'œil et qui cancane secrètement du cœur ! La Société de Saint-Vincent de Paul est le principal dépôt de ces recrues. Elle lui façonne ses chevaliers, elle lui livre, exercés à l'école de Basile, à l'escrime de la réticence mentale, à la gymnastique du langage dévot, de nombreux bataillons de guerre. M. Louis Veuillot rend grâces à Dieu de ce que la France produise encore de si beaux enfants, et lance sous son patronage, dans toutes les directions de l'opinion, ces fiers troupiers de la Foi, munis de cet invariable mot d'ordre : *Rome ! ou des navets !* Tout cela, comme à M. Louis Veuillot, me paraît superbe et réjouissant. Je ne me lasse pas d'observer, en riant, cette longue queue de porte-éteignoirs, de bedeaux, de commères de sacristie, de suisses panachés, d'orateurs pantelants, de prophètes effrayants, de moutardiers du pape, entassant journaux sur journaux, brochures sur brochures, anathèmes sur anathèmes, calomnies sur calomnies, quêtes sur quêtes, bravades sur bravades, dans l'intérêt du Ciel, cherchant à mettre leur mouchoir sur l'œil de la conscience humaine et leur échine entre le monde et Dieu. Vraiment, je ne sais plus où l'on pourra trouver une aussi amusante mascarade, quand celle-ci aura fait son temps ! J'admire volontiers, dans M. Louis Veuillot, le talent du journaliste, la puissance du critique, les tours de force de l'écrivain. La disparition de *l'Univers* m'a paru fâcheuse au point de vue de la comédie. Depuis le recueillement de M. Louis Veuillot, il manque une note joyeuse, vive, pétillante, au concert du journalisme parisien. Les trilles de M. Janicot ne peuvent rompre la monotonie du plain-chant Havin-Grandguillot et de tous ces autres acteurs du grand format qui ont l'air d'être *engagés pour les larmes !* Mais il me semble qu'on enrichit à trop bon marché le martyrologe romain : quand on possède déjà en perspective deux nouveaux corps saints comme ceux du français Joseph Labre et de la reine Marie-Christine de Savoie, mère du roi Bomba II, l'auguste pacificateur de la dernière insurrection sicilienne, on peut patienter jusqu'à la béatification du général de Lamoricière, et il me paraît inutile, pour ne pas dire stupide, de décerner les honneurs du martyre au rédacteur en chef de *l'Univers*. Somme toute, après avoir rendu justice au talent, à l'habileté, au brio littéraire de M. Louis Veuillot, je déclare, à la face de ses serviles et craintifs admirateurs, qu'il a été surfait comme adversaire de la Révolution, et qu'on a eu tort de se plaindre de ses violences.

M. Louis Veuillot est une Terreur. Comment? pourquoi? M. Louis Veuillot devait bien s'amuser en secret, le matin, quand il nous préparait, sur son prie-dieu, sa pieuse journée d'injures, en songeant aux émeutes burlesques que sa plume fomentait dans le monde voltairien. Excepté Proudhon, personne n'a osé lui tenir tête, jouer avec son orthodoxie égrillarde. Debout avec son journal, il semait la panique au *Siècle* et à la *Patrie*. Tombé, il fait encore peur. Il règne toujours, dans son silence, sur le troupeau serein de ses ennemis et de ses partisans. Havin, la Bédollière, Limayrac, Gullaud, Delamarre, Grandguillot, tous les bizets de l'avant-garde anti-ultramontaine ont été passés au fil de ses sarcasmes. Il a joué avec ces gros bonnets comme le chat avec une pelote. *Figaro* le rabelaisien, *Figaro* le sacrilége rieur, lui a léché les talons. Villemessant le Grand a couru après ses bonnes grâces et ses articles. M. Jouvin lui fait, avec les siens, des paillassons et des descentes de lit. Qu'a-t-il donc de plus que ces gens-là, comme homme et comme écrivain, M. Louis Veuillot? Des convictions, de la foi, de la dignité, de l'indépendance, de la loyauté, de la science? Non. Se bat-il pour l'honneur et pour la vérité? Oui, autrefois, il a bravement ferraillé pour des questions de théâtres et de crinolines! mais aujourd'hui, la religion, qui ne lui défend pas d'insulter et d'avilir ses ennemis, lui interdit formellement le duel. Y songez-vous ? M. Veuillot obligé de se battre ? M. Veuillot forcé par l'honneur, par les sourires du monde, par l'attitude ironique de l'opinion, d'aligner une épée ou un pistolet au bout de sa prose insolente ? M. Veuillot tenu de rendre raison sur le terrain quand il ne peut la donner dans ses articles ? Ah ! la bonne plaisanterie ! Mais ce serait l'enfance de l'art en polémique religieuse. Et que dirait l'épiscopat, le pape, la camarilla, la confrérie de Notre-Dame-des-Victoires ? Exposer à la sotte justice d'une *tierce* ou d'une *quarte* une vie si chère et si bien remplie ? Quelle dérision et quel défaut de savoir-vivre ! on est plus fort que tous les préjugés et que toutes les lois de la société, dans le camp de l'*Univers* et du *Croisé*. Est-ce qu'il n'est pas permis de se mettre dédaigneusement au-dessus d'une rétractation et d'une réparation par les armes, du moment qu'on se place au-dessus de la raison, de la philosophie, du droit des peuples, des leçons de l'histoire ? Mais si M. Veuillot ne se distingue pas de ses ennemis ordinaires par la bravoure, la science, la loyauté, il a de plus qu'eux la logique des idées. Il ne transige pas avec son programme. Il l'exécute avec une rigueur impitoyable en se moquant des tiédeurs girondines et des mascarades fraternelles du parti révolutionnaire. Voilà sa force et sa supériorité de journaliste. Voilà votre exemple, ô poétiques amants de la Liberté !

M. Louis Veuillot a donc été méconnu et surfait. Comme écrivain catholique, comme augure officiel de la politique romaine et champion avancé du vieux monde théocratique, il a rendu, par ses provocations et par ses indiscrétions, de signalés services au progrès de l'esprit voltairien dans le peuple. Il a plus fait pour la destruction des préjugés campagnards à l'endroit du prêtre et pour la confusion des doctrines ultramontaines, que n'importe quel critique démocrate. Il a usé la corde de sauvetage de son parti. Révolutionnaire en esprit, athée en politique, terroriste en religion, absolutiste en tout, ne croyant ni à l'immortalité des républiques bourgeoises ni à la renaissance des légitimités, niant avec raison la durée des neutralités et des justes-milieux, démolisseur acharné de toutes les superstitions et de tous les esclavages qui se sont greffés au flanc des pouvoirs modernes, cet ancien ami folâtre de l'ornithologiste Toussenel a plumé jusqu'au sang la colombe de l'Amour divin. Avec lui, plus de quartier, plus de pardon, plus d'accommodements en article de foi : tout ou rien, le Moyen Age ou la Révolution à outrance, le Pape souverain des rois et des empereurs ou l'Anarchie, la Question et l'Inquisition ou l'abrutissement philosophique et la mort, la Sacristie ou le Corps de garde, saint Ignace de Loyola ou Saint-Lazare, le Vatican ou Cayenne, les Jésuites ou les Cosaques, le Goupillon ou la Schlague, la Salette ou la *Sociale*, les Cantiques de Saint-Sulpice ou la Carmagnole. Choisis, ô M. Prudhomme ! c'est M. Louis

Veuillot qui te le dit. Comment ! tu hésites ? voilà aussi que tu ris, toi ? voilà que tu secoues la tête comme un plaisantin ? mais ton rire idiot est un nouveau signe d'anarchie et de désolation ! mais tu n'es qu'un insurgé, un cuistre, une brute, un misérable saute-ruisseau de la démocratie ; mais tu seras damné ! C'est encore M. Veuillot qui te le dit.

Certes ! il est triste de voir M. Veuillot placer sa polémique bravache sous la protection du ciel; la politique spirituelle de la cour de Rome s'incarner dans cet athlète; la Foi descendre sous sa marotte dans les sphères tapageuses du journalisme ; la conquête des âmes tourner à la boxe ; la théologie dégénérer en pamphlet; mais il est nécessaire, dans l'intérêt de la vraie religion et de la vraie liberté, que le monde sache le dernier mot de la faction obscurantiste. Grâce aux impérities de la presse jésuitique, aux révoltantes nudités de ses théories sociales, on est aujourd'hui suffisamment édifié sur l'idéal des fils de Loyola. Allons ! soyons bons princes et bons vivants avec ces hommes noirs. Laissons-les remonter de leurs trous de renards. Ouvrons-leur tous les arsenaux de l'imprimerie. Place à ces funèbres histrions en robe longue ou en robe courte, qu'on entende la fin abominable de leur programme ! Miséricorde pour M. Louis Veuillot. Qu'il soit libre d'insulter la Liberté ! de fouetter encore de ses mépris la mère nourricière de son génie basiléen. Qu'importe que ses adversaires des grands formats ne puissent pas ou ne sachent pas lui répondre ! La Liberté ne reconnaît et n'accrédite aucun oracle perché sur ces trépieds industriels. Miséricorde pour M. Louis Veuillot ! On redemande M. Louis Veuillot, et Coquille, et Maumigny, et Chantrel, et Venet : tous ! tous ! La France veut encore rire.

Revue internationale

(Cosmopolite)

GENÈVE - PARIS.

Philosophie, — Histoire, — Politique, — Economie Sociale, — Sciences, — Littérature, — Arts, — Chroniques, — Courrier des Deux-Mondes.

N° 1, 1ᵉʳ août 1859. — Douze livraisons par an. — Un numéro, 2 francs ; un an, 20 francs. — Bureaux à Paris, rue du Sentier, 13.

Directeur-rédacteur en chef : M. Carlos Derode. — Rédacteurs : MM. Etienne Arago, Baudelaire, Champfleury, Ch.-L. Chassin, Casimir Derode, le docteur Henri Favre, George, Ed. Gœpp, Jacquemin, Kergomard, A. Louvet, Eug. Muller, Paul Perret, Félix Platel, Mario Proth, Raymond Signouret, C. Rey, Valery Vernier, Jules Viard, Z. Astruc, Camille Debans, E. Delière, C. Ferrari.

CARLOS DERODE. — Il est de Lille. Son premier début littéraire est la création de la *Revue internationale*. Je lui en fais mon compliment.

CHAMPFLEURY, — auteur d'une vingtaine de volumes, dont les plus connus sont : *Chien Caillou,* les *Contes d'automne*, *Mademoiselle Mariette*, les *Bourgeois de Molinchart*, les *Amoureux de Sainte-Perrine*, la *Mascarade parisienne*. Tous ces romans ont paru, en grande partie, dans les journaux et les revues. Il a commencé sa vie d'homme de lettres par le petit journal et par des pantomimes dont deux surtout sont remarquables : *Pierrot, valet de la Mort* et *Pierrot marquis*. Il la finira peut-être par une indigestion de fautes de français. Son ouvrage le plus considérable, la *Mascarade parisienne*, interrompu à l'*Opinion nationale* par des bégueuleries vertueuses et non par des vices de syntaxe, comme le bruit en a couru, a paru dernièrement en volume à la *Librairie Nouvelle*. Il est de mode, dans la société des eunuques de lettres, de plaisanter et de nier le talent de Champfleury. C'est là tout simplement de l'injustice sans nom. Champfleury est un observateur souvent profond, un chercheur intrépide, un réaliste du bon coin. Presque toutes ses œuvres ont le grand mérite d'avoir été entravées par la censure ou attaquées avec rage par l'envie et l'impuissance. Cette hostilité rend hommage à son indépendance et dénote chez le romancier une rare individualité. Je vous abandonne son style, mais je réclame contre vos attaques maladroites, en l'honneur du travailleur infatigable et du romancier parfois original. Champfleury est arrivé à l'apogée de sa réputation. Aujourd'hui il prend du ventre, fréquente assidûment le Casino de la rue Cadet, où il étudie les mœurs du grand monde, et où il poursuit, derrière les biches de l'endroit, ses recherches sur la *musique de l'avenir*. Le ministre de l'instruction publique lui ayant accordé la permission de compulser dans les bibliothèques de province tous les bouquins qui peuvent récéler quelques vieilles chansons nationales, il en profite pour donner souvent la clef des champs à sa nature impatiente de touriste. Champfleury a publié une fort jolie collection, intitulée : les *Chansons populaires de l'Histoire de France,* qu'il a fait exécuter, l'hiver dernier, à la salle Herz. Musicien convaincu, il joue honnêtement de la contrebasse.

CHARLES BAUDELAIRE. — Les *Fleurs du Mal* ont été cueillies par le procureur impérial et sévèrement flairées par la police correctionnelle qui a ordonné la destruction du volume. On a aussi de lui les *Histoires extraordinaires,* les *Aventures de sir Arthur Gordon Pyn,* trois volumes traduits d'Edgar Poë, une étude sur Théophile Gautier, en un volume, et un grand nombre d'articles critiques semés dans différentes revues. M. Baudelaire est quelquefois poëte. Il a l'amour du vers, le culte de la rime, le respect de la forme, la noble superstition des règles littéraires. Il n'a pas toujours l'impartialité qui convient au critique. On l'a entendu, plus d'une fois, afficher en plein café les opinions les plus hérétiques et les plus mal sonnantes en matière d'art et d'amitié. Sa confraternité n'est pas du plus beau modèle, et le ciel est plus pur que le fond de son cœur.

M. Baudelaire est sans cesse à l'affût de l'originalité, dans ses écrits comme dans ses cravates. Il *pose* pour la mise excentrique, le foulard rouge, la voix de magister, la main, le geste, le regard; il a une horreur profonde des chats qu'il persécute avec des fers rouges, et une vive admiration pour les Vénus hottentotes.

Charles-Louis Chassin, — démocrate pur-sang et martyr en perspective ! auteur de *la Hongrie, son Génie et sa Mission, Etude historique suivie de Jean Hunyad, Récit du* xve *siècle*; collaborateur du *Courrier du Dimanche ;* fanatique admirateur de Michelet et de Quinet. Il a fait sur ce dernier un bouquin intitulé : *Quinet, sa Vie et son Œuvre,* travail remarquable. M. Chassin donnerait dix ans de sa vie, peut-être plus, peut-être moins, pour être tracassé par le gouvernement, à seule fin de figurer dans la galerie des pères de la liberté ! Le gouvernement persiste à ne pas l'inquiéter. Malgré cette indifférence, M. Chassin s'obstine à voir des saisies partout. Ce somnambulisme politique est souvent plein d'accès de gaîté. M. Chassin est aussi sous le coup de certaines servitudes. C'est le Godard de M. Michelet ; il essaie en l'air les théories du maître. Un jour, dit-on, il s'est mis colporteur d'un prospectus qui n'a pas eu plus de succès que son espoir d'être persécuté. Est-ce bien vrai qu'il s'en allait par monts et par vaux, glanant des signatures contre le baptême et le mariage ? Pourtant, en dehors de la politique courante, il faut reconnaître à M. Chassin de l'expérience et du savoir. Il est du petit nombre des journalistes érudits et littéraires ; il sait très-sérieusement l'histoire et débrouille avec une admirable patience la philosophie allemande.

Félix Platel (*Etienne Pall*), — a publié, dans le *Figaro*, les *Echos de Hambourg*, — a collaboré à la *Chronique* sous le sieur Cournier, — rédige maintenant à la *Revue internationale* un courrier littéraire ; — du style, de l'esprit, de l'indépendance.

Mario Proth, — ex-rédacteur du *Gaulois*. C'est un homme de lettres en bordées. La *Revue* de M. Derode contient à peine ses rhétoriques vagabondes. Diable ! diable ! il faudra mettre un bourrelet à cette critique enfantine.. Quelle phraséologie échevelée ! quel abus du tiret et des lois sévères de la syntaxe ! Je suis persuadé que ce brillant styliste ne sait jamais en commençant une phrase jusqu'où elle se prolongera. Mais le tiret est là pour quelque chose. Le tiret est précieux ! le tiret est le nerf du discours. Qui sait ? c'est peut-être là du style *international !*

Arthur Louvet, — avocat, — nez rouge, — ami intime de Vacquerie ; — a eu une pièce refusée aux Français.

Valery Vernier, — médecin, — a fondé le *Quart-d'Heure ;* — y a bu un bouillon demi-sérieux ; — travaille à l'*Artiste*.

Raymond Signouret, — plume honnête, vigoureuse et franche ; — Etienne Arago, pleureur en vers ; — E. Müller, auteur de la *Mionnette ;* —

Camille Debans, ex-rédacteur en chef du *Bonhomme*, de Bordeaux ; — Z. Astruc, *poseur* blond, s'écoute parler, manger et digérer ; — a publié en volume les *Quatorze Stations du Salon*, où on rencontre quelques bonnes idées exprimées en style alambiqué, des paradoxes tirés aux cheveux, beaucoup de faux, un peu de vrai et prodigieusement de prétentions ; — admire Courbet qui consomme avec lui le *mooss* de l'amitié, dit beaucoup de mal des bourgeois, aspire à régénérer l'Art, juge la musique comme un sourd et fait de l'esthétique d'après les causeries de son ami Durand, un grand peintre inconnu ; en somme, original... comme les modes de Longchamps !

La *Revue internationale* a été fondée dans d'excellentes conditions d'influence, de succès, de liberté et d'argent. Le propriétaire-directeur, M. Carlos Derode, avait d'abord eu l'idée de la publier à Paris ; il en fut dégoûté par la réponse d'un puissant personnage qui lui conseilla de prendre une maîtresse plutôt que de fonder un journal. Au lieu de jeter son argent au nez de quelque Rigolboche *avancée*, M. Derode est allé bravement, avec ses écus et son patriotisme, édifier, à Genève, une nouvelle tribune pour l'idée errante et traquée de la liberté. Le succès matériel et littéraire a déjà récompensé l'audace et l'honnêteté de ses convictions. M. Carlos Derode lui-même met la main à l'œuvre de cette rédaction encyclopédique ; sa chronique internationale atteste de la maturité et de la prescience dans ses jugements. Avec un peu plus d'unité, de choix, dans cette œuvre collective, il s'assurerait une place d'élite parmi nos recueils politiques et littéraires. Cette idée de réforme que je lui signale n'amoindrit point l'estime que je porte à l'ensemble de sa publication : elle est une bonne action, un bon signe d'avenir, au milieu de l'affadissement, de l'énervement et de l'abaissement de la presse contemporaine! Elle laisse loin derrière elle les réputations consommées des anciennes revues; elle peut tenir la tête de ligne des publications indépendantes et sérieuses qui nous vengeront de la féodalité des journaux financiers et du rachitisme des journaux prétendus grivois.

Journal des Soirées de Famille,

MAGASIN COMPLET DU FOYER DOMESTIQUE, ALBUM LITTÉRAIRE ILLUSTRÉ.

Même texte que celui du n° 24, 2ᵉ année des *Salons de Paris*.

N° 1, 7 août 1859. — 20 fr. par an.

Directeur : Ernest Razetti, 5, rue Coq-Héron.

Advertiser (the) Paris-London.

N° 1, 8 août 1859. — One Peny.

Le Bulletin de la Marine,

JOURNAL D'ILLUSTRATIONS, D'ACTUALITÉS ET DE ROMANS MARITIMES.

N° 1, 11 août 1859. — Directeur : Léon Beauvallet. Collaborateur : Saint-Agnan-Choler, Max,

Rolland. Dessinateurs : Pelcoq, Jules Bazin. Graveur : Jahyer. 10 c. le numéro, 8 pages in-4°. — Portraits et biographies de l'amiral Hamelin, de l'amiral Lyons, etc.

Léon Brauvallet : Fils de l'acteur des *Français*, auteur de *Rachel et le Nouveau-Monde, Souvenirs dramatiques, Voyages à travers les Deux-Mondes*, directeur de la *Féerie illustrée*. Garçon de talent et de distinction, malgré son éternel pince-nez.

Le Roman,

LITTÉRATURE, NOUVELLES, HISTOIRE, MUSIQUE, THÉATRES.

N° 1, 18 août 1859. — 5 cent. le numéro de 8 pages. — Bureaux : 2, rue Brongniart. Rédacteurs : Emmanuel Gonzalès, Camille Perier (qui n'a rien de Casimir), Léon Gozlan.

Dans *les Mémoires d'un Ange*, par Emm. Gonzalès, ont découvre les phrases suivantes :

Sa bonté était froide, et sa vue vous glaçait comme les brumes d'hiver. Des nuages semblaient toujours s'épaissir sur son large front, et quand il marchait, on eût dit que son pied ne devait jamais fouler que les pampres gris de l'automne.

. . . .

Du reste, la glace de son caractère ne se fondait que pour moi en paroles douces et tendres.

A partir de ce jour, l'intelligence de nos âmes fit fleurir l'arbre de notre bonheur !!!

Là, vraiment, je préfère à la prose de cet *ange* celle de Marguerite Rigolboche !...

L'Ange de la Famille,

JOURNAL DE L'ŒUVRE DE L'ADOPTION.

41, rue du Bac, 25 c. le numéro. Un exemplaire est donné à chaque série de vingt associés : pour les personnes non associées, l'abonnement annuel est de 5 fr.

Pariser Zeitung.

Seul journal allemand de Paris, paraissant le samedi, fondé le 27 août 1859, sentinelle avancée des intérêts allemands. Je soupçonne sa rédaction de nager dans les eaux de la *Sainte-Alliance*. Je ne la crois pas encore investie d'un mandat politique et militaire sur les bords de la Seine, mais on remarque quelques tendances anti-françaises dans son esprit. Ce journal a les allures hautaines d'un caporal d'ordinaire ! Ses écrivains sont graves, raides, pleins d'importance, mystérieux, et arborent presque tous un faux nez. La *Pariser Zeitung* a succédé au *Weg-Weiser*, de M. Crell, réfugié prussien.

Direction : Madame la baronne C. de Scheidlein, riche et noble Autrichienne qui encourage les plumes cosmopolites. Elle écrit, mais ne signe pas dans son journal. — De l'esprit et de la beauté !...

Administration : Raymond Signouret, ex-rédacteur en chef du *Gaulois*, collaborateur du *Diogène*, du *Rabelais*, de *la Revue internationale*. Cette plume française contresigne en allemand tous les articles de la *Pariser Zeitung*.

Rédaction : Cramer, correspondant de *la Gazette de Cologne* et de plusieurs grands journaux de l'Allemagne. Vous pouvez le voir tous jours au café de la rue Brongniart, où il rédige sa nombreuse correspondance, harcelé par ses blonds secrétaires, qui vont, qui viennent de la Bourse à l'estaminet, et de là aux offices de télégraphie. Cramer est un correspondant précieux, consciencieux, bien informé, un confrère aimable. Il a su donner une physionomie et une valeur à la *Pariser Zeitung*.

Le Guttemberg.

Journal des imprimeurs, des libraires, des fondeurs en caractères, des fabricants de presses, de papier, etc. Paraissant le 1er et le 15 de chaque mois, chez Viollet-Collignon, 133, rue de Sèvres.

N° 1, 1er septembre 1859. — 20 fr. par an.

L'Indicateur des Mariages de Paris.

Renseignement commercial. Relevé général des mariages affichés dans les douze mairies. — (Annexe au *Journal des Fiancées*, 21° année.)

On indique, mais on n'assure jamais !

L'Hydrothérapie.

Directeur : E. Duval, directeur de l'établissement hydrothérapique de Chaillot, 16 et 18, rue des Batailles.

N° 1, 1ᵉʳ septembre 1859. — Paraît les 15 et 20 du mois.

Le Moniteur des Expositions

DE LA FRANCE ET DE L'EUROPE.

Journal littéraire, artistique, industriel et commercial, hebdomadaire. Mensuel en temps de non-exposition.
N° 1, 7 août 1859.

L'Estafette des Théâtres,

JOURNAL QUOTIDIEN.

N° 1, 7 août 1859. — 48 fr. par an.

Le Courrier dramatique,

JOURNAL QUOTIDIEN.

8, rue de Valois. Même texte que celui de l'*Estafette des Théâtres*.
N° 1, 7 août 1859. — 48 fr. par an.

L'Opinion nationale,

JOURNAL POLITIQUE QUOTIDIEN.

N° 1, 1ᵉʳ septembre 1859. — M. Ad. Guéroult, rédacteur en chef,—M. A. Larrieu, administrateur. Paris, 40 fr. par an. Départements, 48 fr. ; 15 c. le numéro.

Collaborateurs : MM. Bonneau, Sauvestre, Wilbort, Félix Mornand, F. Sarcey (de Suttières), Th. de

Morville, J. Levallois, Couailhac, Cl. Carraguel, Ch. Brainne, C.-L. Chassin, Antony Méray, B. Maurice, Castagnary, Toussenel, Champfleury, Babinet (de l'Institut), A. Azevedo, P.-M. Laurent, H. Malot, Jules Viard, l'Habitant, Anselme Petetin, Ch. de La Varenne, Barral, Ponson du Terrail, Marie d'Avenel, etc., etc.

Les origines de l'*Opinion nationale* se perdent dans la nuit de la mythologie politique et financière. Sa gestation a été longue et pénible. Sa bâtardise intellectuelle est avérée pour toute la presse parisienne. C'est un journal qui ressemble assez à ces enfants laborieusement et économiquement mis au jour par des parents disgraciés de la nature. Cela n'a ni physionomie ni virilité. Son fonds de roulement a été constitué par l'emprunt. Ses bailleurs d'idées, comme ses souteneurs financiers, sont presque tous d'un monde marron. Pendant quelque temps, le bruit a couru que le Palais-Royal était pour quelque chose dans son budget. Je n'ose le croire. Mais il n'est pas défendu de dire que son premier administrateur, M. Razetti, et son second, M. Larrieu, sont entrés dans les premiers frais de la layette. Caisse et rédaction éclectiques, politique amphibie, mixture de socialistes, de républicains, d'impérialistes et de saint-simoniens, voilà l'*Opinion nationale*. Elle tire aujourd'hui à 18,000 exemplaires, s'il faut s'en rapporter à ses chiffres. Elle se proclame le meilleur marché des journaux politiques quotidiens, si l'on mesure le bon marché d'un journal au taux de l'abonnement et non à la valeur des doctrines. Elle calcule son influence et son autorité par son tirage. Les réclames qu'elle se paie à la quatrième page des autres journaux ont des rapports de style et d'esprit avec celles de la Halle-aux-Habits du célèbre Dunan-Mousseux. Quelques écrivains sérieux, quelques hommes de talent et de bon ton ont fait de salutaires apparitions dans cette feuille équivoque. Je ne les nomme pas par indulgence pour les autres. Mais j'ai trouvé dans un de ses prospectus une bien réjouissante phrase. On y déclarait que la rédaction littéraire et politique, qui, dès son début, sous la direction de M. Adolphe Guéroult, s'était attaché des noms éminents, comme ceux de MM. Azevedo et Francisque Sarcey, venait de s'enrichir de plusieurs autres capacités non moins éminentes. Il me semble que cette qualification d'éminence politique et littéraire, accordée à MM. Sarcey et Azevedo, dépasse toutes les formules autorisées par la grammaire de Bilboquet. — Au fait, rien ne doit nous étonner de la part d'un journal qu'on a ramené sévèrement plus d'une fois aux frontières naturelles de la logique et de la politesse. Il y a même un présage à tirer d'une feuille qui débute par un roman intitulé : la *Mascarade parisienne*. Quel trait de lumière pour l'avenir de l'*Opinion nationale* dans ces deux mots ! Mais jusque dans ce titre : l'*Opinion nationale*, il existe une forfanterie impertinente. On conçoit, à la rigueur, qu'un journal s'appelle le *Siècle*, la *Presse*, le *Courrier de Paris*, le *Messager de Paris*, l'*Union*, le *Constitutionnel*, et même la *Patrie* et la *Gazette de France*. Ces dénominations n'ont rien de trop paradoxal, de trop exagéré, et surtout ne ressemblent aucunement à un accaparement de l'esprit public. Ce sont des termes représentatifs et généraux qui, tout en couvrant des partis et des prétendants, des doctrines politiques de diverses nuances, ne portent pas atteinte à la liberté de l'esprit français en matière de gouvernement. Mais venir de but en blanc s'appeler l'*Opinion nationale*, n'est-ce pas ridicule, n'est-ce pas amèrement drôle et arrogant? mais venir dire que, dans un journal ainsi baptisé, on traduira fidèlement toute la pensée de la France ! est-ce assez gascon et saint-simonien? Un peu de modestie, messieurs ! ne chantez pas plus haut que le diapason normal de votre talent et de votre patriotisme. Appelez-vous tout ce que vous voudrez, excepté l'*Opinion nationale!* Soyez le Parlement des Savoyards, des réformateurs de la musique, accordé ! mais l'*Opinion nationale!* vous? jamais. Depuis quand? de quel droit? par la grâce de quel privilége d'indépendance et d'infaillibilité? Est-ce depuis que vous vous êtes enrichis de la collaboration politique de l'honorable M. Pauchet, des prophéties astronomiques de M. Babinet, de la littérature hystérique de M. Malot? Hélas! hélas! la France parlerait par la trompe de M. Guéroult? la nation amènerait son drapeau sur le tapis vert hanté par M. Sauvestre et M. Laurent (de l'Ardèche)? L'opinion nationale serait à l'*Opinion nationale?* Triste ! triste ! rien que d'y songer. Je crois aux plus folles et aux plus désastreuses volte-face de l'opinion, mais je ne crois pas encore à celle-là. L'esprit français n'abdiquera ni en faveur de César, ni en faveur de M. Guéroult.

Ah c'est sans doute pour justifier son titre que ce journal a fait appel aux petites passions, aux médisances acerbes, aux coteries littéraires, qu'il met la vie de ses rédacteurs en romans-feuilletons, qu'il n'a pas craint depuis quelque temps, de lancer toutes vives et toutes sanglantes des calomnies à la face d'hommes honorables, et d'entretenir du vacarme dans Landernau? C'est probablement pour se maintenir dans la haute ligne du sentiment national qu'il a entretenu, à bon marché, l'orage chez ses voisins? C'est charmant l'esprit de ce journal. On y mord à plaisir, on s'y livre avec volupté à tous les manéges de la palinodie et de l'ingratitude : noble délassement. Il est d'usage, dans cette vaillante feuille, d'attaquer ceux qui ne peuvent pas se défendre ou qui dédaignent les représailles, et d'invectiver les gens dont on a reçu l'hospitalité. Aussi l'*Opinion nationale* a senti, dès ses premiers pas, son infériorité morale et politique. Sachant que le pavillon ne couvre pas toujours la marchandise, que l'approbation officielle et la sanction de l'esprit public faisaient défaut à ses théories et à son enseigne, allant à tâtons de la démocratie impériale à la république de Bareste, de la liberté modérée à la liberté sans frein, d'Enfantin à Voltaire, du prudhommisme au jacobinisme, de l'évangile du socialisme brutal au bréviaire économique de Saint-Simon, elle a voulu égayer ces exercices de grand écart par des intermèdes comiques. Elle a à cet effet ressuscité, en critique littéraire, les traditions du pont Neuf. Ses collaborateurs, enrôlés à l'effet de distraire le lecteur pour lui faire avaler la politique indigeste de M. Guéroult, font tout ce qui concerne leur métier d'amuseurs publics, vont en ville, battent la grosse caisse, rient jusqu'aux oreilles, coupent sur place toutes les queues des caniches de la civilisation, et apostrophent les sacristains qui passent à leur portée. En politique, il est donc malaisé de classer l'*Opinion nationale*. Cette église flotte comme le bateau des bains Vigier. Elle remonte et descend à volonté le courant des événements. C'est, en même temps, une cloche à plongeur et un camp volant, que ce journal. On y voit beaucoup de vieux nageurs, de paladins et de troubadours. Troubadours et paladins, MM. Adolphe Guéroult, Francisque Sarcey, Azevedo, Sauvestre, Pauchet, Laurent (de l'Ardèche), Petetin, L. Chassin, de la Varenne, Ponson du Terrail, Babinet. Les uns s'en vont en guerre contre les théâtres, les conservatoires, l'Institut, les concerts, le roi de Naples, les Savoyards anti-annexionistes ; les autres, contre la langue française. *L'Opinion nationale* a rétabli la *Lice chansonnière* en politique.

Félix Mornand, né à Mâcon, ex-secrétaire du gouvernement provisoire, ex-commissaire et ambassadeur de la République, ex-rédacteur du *Journal du Commerce*, de *la Revue de Paris*, du *Siècle*, de *l'Illustration*, du *Courrier de Paris*, qu'il a fondé. M. Félix Mornand ne s'occupe, à l'*Opinion nationale*, que des questions de politique étrangère. Encore ne les traite-t-il que dans des entrefilets très-laconiques. C'est regrettable pour le journal, car M. Félix Mornand a jusqu'à présent fait preuve d'indépendance. Ses opinions démocratiques s'allient avec la courtoisie du langage et la noblesse de l'esprit.

Alexandre Bonneau a fait son droit; — a débuté, à *la Presse*, par des articles sur la crémation, qui lui ont attiré des censures épiscopales; — a remplacé, au même journal, le docteur Yvan, pour le bulletin politique; — très-versé dans les langues orientales; — dirige, avec M. de Saint-Priest, l'*Encyclopédie du dix-neuvième siècle*; — auteur d'un volume de vers charmants qui ne laissent guère deviner le funèbre théoricien de la *crémation*.

A. Larrieu, — ex-secrétaire de l'administration de *la Presse* sous M. Rouy, ex-chef du cabinet de M. Gery, préfet d'Alger à l'avénement du prince Napoléon au ministère de l'Algérie. Il a changé son titre de rédacteur contre celui d'administrateur de *l'Opinion nationale*.

E. Pauchet, — ex-secrétaire de la rédaction de *la Presse*: secrétaire de la rédaction au journal de

M. Guéroult. Connu par ces deux vers réalistes, qu'il a adressés à un de ses propriétaires :

L'excessive cherté de vos locaux motive
Mon départ immédiat par la locomotive!

P.-M. LAURENT (lisez Laurent de l'Ardèche) — décoré en 1847, ex-représentant du peuple, ex-collaborateur de M. Guéroult à *la République*, ex-saint-simonien, bibliothécaire quelque part.

ALEXIS AZEVEDO, — cornac des apôtres de la réforme musicale, — s'agite derrière les docteurs Mirobolanpouff de la musique chiffrée, comme *Vert-de-Gris* sur le char de Mengin; homme raté! une vraie plaisanterie de la Nature!

JULES VIARD, — ex-collaborateur du *Messager*, de l'ancien et du nouveau *Figaro*, des *Coulisses*, du *Commerce*, du *Corsaire-Satan*, du *Mercure des Théâtres*, etc., etc.; auteur de *l'Almanach des Cocus*, de *Pierrot marié*, pantomime en dix-huit tableaux, un des chefs-d'œuvre du genre, jouée deux cents fois de suite, de *Madame Mascarille*, opérette jouée aux Folies-Nouvelles, d'un volume intitulé *les Petites joies de la vie humaine*, d'un acte en vers, *Frontin malade*, représenté à l'Odéon. — A fondé avec Fauvety *le Représentant du Peuple;* a rédigé *le Travail*, puis *le Peuple*, à Dijon; a fondé encore le *Polichinelle à Paris* et le *Patriote savoisien;* possède une kyrielle de pièces de théâtre en portefeuille, parmi lesquelles nous citerons : *la Vieillesse de Don Juan*, destinée à la Comédie-Française, la *Confrérie de la Mort*, et un vaudeville en cinq actes et trois fiacres en répétition depuis trois ans au Palais-Royal. Jules Viard, invité par le directeur du théâtre à supprimer un ou deux fiacres de sa pièce, n'a jamais voulu consentir à ce déménagement. Aussi ce vaudeville reste-t-il, quoique accepté, en fourrière dans les cartons. Jules Viard prétend que l'on n'a suscité des embarras à sa pièce que parce qu'il est républicain ! Cette littérature de cabriolet a réagi sur son imagination. Il a inventé un nouveau système d'omnibus *extrà-muros*, dont on a pu voir les dessins dans *l'Illustration*. Jules Viard, quand je l'ai rencontré, il y a trois mois, fondait de grandes espérances sur l'avenir de ces pataches perfectionnées. Je lui souhaite une victoire financière, mais je le crois dévoyé. Jules Viard est journaliste. Dans le journalisme est sa raison d'être, sa force, sa supériorité, son vrai triomphe. Qu'il y rentre bien vite! Sa brusque sortie de *l'Opinion nationale* n'a pas été clairement expliquée pour tout le monde. Mais nous croyons en savoir la principale cause : M. Jules Viard, comme écrivain, portait ombrage à son rédacteur en chef.

CHARLES SAUVESTRE, — né au Mans en 1818. — Orphelin à treize ans, professeur à dix-sept. — A vécu dans l'enseignement primaire de 1840 à 1848; a collaboré au *Courrier de Loir-et-Cher*, nuance *National-Réforme*, à la *Démocratie pacifique*, dans laquelle il a publié un travail très-complet sur l'instruction publique ; — a pris une part active à la rédaction de *la Tribune de la Gironde;* — a fondé, en 1853, la *Revue moderne,* disparue en 1858; — a voyagé en Orient; — est à *l'Opinion nationale* depuis sa fondation.

HENRI MALOT, — auteur des *Victimes d'Amour,* roman édité en 1859 par Michel Lévy. — A publié un feuilleton dans *l'Opinion nationale : Jacques Chevalier,* roman qui n'est, assure-t-on, que l'histoire d'un des rédacteurs de *l'Opinion* et d'une famille infortunée bien connue à Rouen. On avait fait d'abord courir le bruit dans la coulisse que le rédacteur-héros du roman était étranger à cette publication et qu'il en réprouvait l'esprit ; mais il paraît qu'il existe une complicité littéraire et morale entre le personnage et le romancier ; on dit même qu'une communication d'épreuves du roman a été faite au susdit personnage. Serait-ce cette histoire d'une famille encore vivante que le prospectus de *l'Opinion nationale* aurait qualifiée d'étude *humoristique* et *originale ?*

LEVALLOIS, — bonhomme d'un certain talent — marié, — ressemble par sa femme, d'un certain âge, à Shakespeare ; — sait par cœur les œuvres de Sainte-Beuve dont il est la très-menue monnaie; — a noctambulé pendant quelque temps avec M. Castagnary, qui, aujourd'hui, s'en est débarrassé avec *volupté.*

CASTAGNARY, — ex-clerc d'avoué, — a fait son apparition, en 1857, dans la *Revue moderne,* par une série d'articles réunis depuis en volume, chez Poulet-Malassis, sous le titre de *Philosophie du*

Salon de 1857. A l'*Audience*, à l'*Almanach parisien*, à l'*Opinion nationale*, au *Journal de Paris*, toute sa collaboration a roulé et roule sur les beaux-arts.

M. Castagnary a débuté dans la presse par l'article qui sert de palefroi à tous les naïfs bacheliers en quête des lauriers littéraires. Vous remarquerez que c'est par la critique d'art que se signale invariablement cette jeunesse, fleur des pois du collége. Une pareille préférence s'explique. Il est si facile de faire passer en franchise, moyennant quelques procédés de style, son inexpérience à la douane de l'opinion publique? Le champ d'études est si vaste dans les questions d'art; tous les écrivains qui l'ont parcouru et exploité y ont laissé tomber tant de mots creux, tant de phrases sonores, tant de brillants paradoxes, tant d'opinions chatoyantes, que l'ignorance la plus vulgaire et la plus replète n'a qu'à se baisser pour choisir le style et l'esthétique qu'elle désire s'approprier. Aujourd'hui, on s'improvise, à très-bon compte, critique d'art. Avec deux ou trois théories incompréhensibles et une glose à peu près drôlatique, on a son brevet de grand critique. C'est le glorieux métier qui exige le moins d'aptitude et de science digérée. Je ne voudrais pas que M. Castagnary prît pour lui ces observations; souvent j'ai eu lieu de constater ce qui le distingue intellectuellement et artistiquement de ces Vinkelman et de ces Visconti de ycées; seulement, je regrette qu'il ait choisi, pour début dans les lettres, cette chevauchée dans les arts. Sans contredit, c'est un littérateur; sa jeunesse est réelle, elle ne se ressent pas de la contrefaçon; sa *Philosophie du Salon* de 1857 est riche en méditations humanitaires. Mais ceci admis, et M. Castagnary une fois classé parmi les écrivains hors plèbe, je m'empresse de reprendre, vis-à-vis du théoricien révolutionnaire, le rôle que m'assigne l'esprit de ce livre.

Dans sa *Philosophie du Salon* de 1857, M. Castagnary se jette avec une juvénile impatience dans la mêlée des démolisseurs de la Divinité. Je ne sais pas quels sont ses rapports avec la Divinité; mais il faut qu'elle lui soit bien désagréable pour qu'il la poursuive de ses anathèmes à travers le passé et de ses négations à travers l'avenir. Avec un aplomb glacial, qui ne se retrouve aujourd'hui que dans la jeune génération, car la vieille se retourne avec componction vers le ciel, M. Castagnary affirme que la Cité humaine est construite, que l'édifice de la liberté et de l'égalité est hors d'atteinte, et que Dieu n'y entrera plus. Il prétend que l'homme devient de plus en plus homme, que la légende païenne et chrétienne est vide de sens, que le ciel recule devant nous, que le règne absolu et glorieux de l'individualisme est inauguré. Toutes ces colossales critiques ont surgi avant la *Philosophie du Salon de* 1857. Je pourrais, si besoin était, et si M. Castagnary daignait m'entendre à travers son mysticisme, démontrer algébriquement que cet édifice de liberté et d'égalité n'est que fantastique, que l'homme redescend, à chaque progrès, dans un épouvantable esclavage, que jamais la société n'a été plus bigote qu'aujourd'hui, que l'idée de Dieu rentre tous les jours dans la cité humaine par toutes les lucarnes, sous tous les emblèmes, même sous le chapeau de Basile et sous le sabre du général de Lamoricière. Mais laissons de côté la philosophie humanitaire de M. Castagnary, comme si elle n'avait rien dit, et voyons son esthétique.

M. Castagnary est un bien rude logicien ! non content d'expulser l'idée de Dieu, et tous les dieux de la conscience humaine, des temples, des tabernacles, des lois, des républiques, des monarchies, de la mappemonde, il les exile à tout jamais du nouveau programme de la peinture et de la statuaire ; il étrangle l'art dans la contemplation de l'homme et de la nature, il resserre tout son avenir dans le mastic du paysage et du portrait. Lanternes que les étoiles et que les religions, vieilles croûtes que les peintures religieuses et historiques ! s'écrie mélodieusement M. Castagnary. A bas, les divines allégories, Jupiter, Jésus, Marie, Minerve, Apollon, Psyché, Marie-Madeleine, l'Amour, la Foi, l'Harmonie, l'Enthousiasme, la Sagesse, la Beauté, tout ce qui nous vient du ciel chrétien ou païen ! s'écrie toujours ingénieusement le critique d'art de l'*Opinion nationale*. Regarde-toi, artiste ! vois donc comme tu étais beau et grand sans le savoir, misérable esclave du sentiment religieux, éternel badigeonneur de dieux et de déesses, lâche glorificateur de l'Olympe! Tel est à peu près le discours de M. Castagnary. Superbe jusqu'ici, dans son thème d'écolier, impatient de moissonner le laurier voltairien, il devient, quand il dépasse sa rhétorique ronflante, quand il se lance dans la réorganisation des écoles de peinture et de sculpture, d'une absurdité lugubre et d'une impiété révoltante. Ses théories ne tiennent pas contre les chiquenaudes de la raison la plus chétive. Très-bien, monsieur l'historien philosophe, j'admets un instant avec vous, pour vous faciliter la digestion de vos nouvelles théories sur l'art, qu'il y a séparation profonde entre le ciel et la terre, entre Dieu et l'homme, que la sybille de Cumes et le Vatican ne rendent plus d'oracles, que l'Archange en bonnet rouge des révolutions, défend avec sa scie le temple du Progrès. Vous allez donc inviter l'artiste qui est, grâce à vous, en rupture de relations avec la divinité, qui marche sous un ciel calfeutré, à se mettre en adoration devant l'homme, à s'annexer la peinture des ponts et chaussées, des squares, des tunnels, des viaducs, à étendre sur la toile et à maçonner dans le marbre la famille Prudhomme? Non! répondez-vous. Je conseille très-vivement à l'artiste d'épurer son cœur, d'élever son âme, d'exalter son être! Mais vers quoi? mais vers qui? mais comment? Où est le type, le miroir, le modèle sublime! Il faut, à l'héliotrope, le soleil;

à l'acier, l'aimant; à la chanson, l'écho; à l'aile, le vent; au flot, la rive; au vaisseau, la boussole. Que donez-vous à l'homme? L'homme, rien que l'homme! Oh! la drôle de géométrie qui consiste, pour M. Castagnary, à faire remonter l'avenir sur un plan incliné! Allons! allons! monsieur le critique d'art de l'*Opinion nationale*, vous vous trouvez donc bien joli pour proposer votre modèle d'homme au pinceau et au burin? Je conçois qu'à votre âge on veuille se distinguer par l'impiété, mais il faudrait la rajeunir, et la vôtre est couverte de la poussière de toutes les perruques philosophiques. Quand on rompt aussi violemment et aussi radicalement avec toutes les traditions de l'histoire, de la religion, de la philosophie, de la logique, des mathématiques, on doit avoir à mettre à la place quelque chose de meilleur et de supérieur; il est de toute nécessité de rallumer d'autres flambeaux quand on a soufflé sur ceux de l'éternel amour et de l'immortelle beauté! Ah! *povero!* qui veut éclairer la destinée humaine avec une lampe Carcel, avec le feu follet de nos amours bourgeois et de nos religions éclectiques! qui dit au gandin, au pékin, à Calino, à Jocrisse, à Bilboquet : Vous êtes des dieux! A tous les patentés, à tous les électeurs, à tous les émancipés de nos révolutions : Vous êtes beaux comme Vénus et forts comme Minerve! A l'homme : Mets-toi à genoux devant ton portrait! adore-toi dans ton buste et dans ta photographie. Tout est là! Ce cher M. Castagnary, comme il doit être l'ami et le bijou des gâcheurs de plâtre et des manipulateurs de collodion, de tout ce monde industriel qui perpétue sa grimace par le bon marché du daguerréotype ! Mais l'implacable et savant critique d'art de l'*Opinion nationale* n'a donc pas réfléchi, un instant, aux désastreuses conséquences de la photographie ?

La photographie est un complot dirigé à ciel ouvert contre la régénération artistique et physique des races. Le soleil est de cette affreuse et maudite conspiration ! Le soleil se laisse manipuler, matérialiser, tourmenter, soudoyer, pour la reproduction des types prudhomiques, pour la consécration de la niaiserie et de la laideur. Si la science de Michel-Ange et de Léonard de Vinci a enfanté des maîtres ignorants, qu'est-ce que nous léguera celle des photographes ? Avec cette dernière, point d'imagination et même d'invention ; plus de tête-à-tête avec la muse inspirée; plus de colloques superbes et de luttes brûlantes avec l'Idéal ! Dans le commerce sublime de la pensée avec les types éternels de la beauté, l'artiste puisait jadis une énergie et une confiance qui refluaient sur son bras et sur son cœur, et quand il descendait de ses olympiques rendez-vous, c'était un chef-d'œuvre qu'il rapportait dans son cerveau, c'était un nouveau pacte d'amour qu'il allait éterniser sur la toile ou dans le marbre, entre les hommes et les dieux. Alors il avait aussi une mission religieuse et sociale ; il devait fouiller profondément et longtemps dans les choses pour en extraire l'autorité et la force, pour en faire rejaillir la vie. Aujourd'hui, le photographe est dispensé de cette science infuse que devait avoir l'artiste supérieur. La liberté, ce souffle inspirateur de l'art, ne le sert point dans son métier de copiste de la nature : l'objectif remplace l'intelligence; la chambre noire, la profondeur du génie, Et cependant le photographe persiste à s'intituler artiste, à appeler la photographie un art ! Entendons-nous : le photographe est un artiste à la façon des perruquiers; la photographie est un art à la portée de tous les mufles ! Je la hais ! elle décourage fatalement les artistes sérieux, en éloignant d'eux la belle commande qui les faisait vivre et le travail puissant qui leur donnait la gloire; elle reporte la fortune et la popularité vers la routine et le procédé; car il est plus facile de manier un objectif qu'un pinceau, et elle contribue définitivement à la laideur des races. On ne saurait s'imaginer combien la photographie a amené de catastrophes dans notre système générateur. Non-seulement le photographe, qui passe ses journées en contemplation devant des caricatures vivantes qu'il reproduit dans toutes les dimensions, s'abrutit; mais la foule, dont les regards sont continuellement sollicités par ces ignobles clichés qu'on encadre sur toutes les murailles, remporte dans son imagination et sur ses nerfs des épreuves funestes pour la postérité. Si chaque jour nous remarquons une recrudescence d'idiots, de cagneux, de bossus, de cachochymes, de *Jehan-Frollo*, soyez convaincus que les galeries publiques de la photographie, ses expositions murales, ne sont pas étrangères à cette invasion. Les Grecs croyaient tellement à l'influence des objets physiques sur l'imagination, de la matière sur l'idée, qu'ils avaient soin d'orner de belles formes les gynécées. Aussi ce peuple, dont les religions étaient aussi harmonieuses que les lois, ignorait-il les catarrhes, les hernies et les dents osanores. Mais nous, nous encadrons les affections du sang et de la peau! nous laissons errer en liberté nos femmes et nos filles devant ces expositions universelles du bête et du grotesque. L'art est à si bas prix avec la photographie que toute la race épicière se croit en droit de livrer ses varices et ses verrues à l'admiration des passants. Qui nous délivrera des progrès de la photographie, de ce XVIe siècle de l'art bourgeois? Si j'étais quelque chose, un jour, dans le gouvernement de ma belle patrie, je défendrais par des règlements de police, à certaines classes, de se faire portraiturer! j'établirais un conseil de surveillance près des photographes. Décidément, le progrès des lumières nuit à l'art; il doit rester aristocrate. La science émancipe trop l'ignorance et la laideur! Fermons ses tabernacles.

Adolphe Guéroult, — orné de huit lustres et demi; ex-officiant de l'Eglise de Ménilmontant, ex-consul de France sous Louis-Philippe, ex-rédacteur des *Débats*, ex-rédacteur de *la République* de Bareste, ex-démoc-soc, ex-rédacteur principal de *la Presse*, ex-sous-chef de bureau à la correspondance du Crédit foncier, emploi créé pour lui spécialement, ex-ambassadeur de M. Bertin aîné en Espagne. — A fait depuis onze ans toutes les guerres du journalisme rabâcheur et impuissant. — Il date de 1810 comme chrétien et simple particulier, et de l'ère des Atrides comme mangeur de ses confrères politiques. Je ne répéterai pas qu'il est gros, joufflu, bouffi, confit, qu'il porte toujours des guêtres de tiretaine et des favoris rougeâtres; cela se voit, et cela se devine par le poids et la couleur de ses articles : l'homme, c'est le style. Mais j'apprendrai aux provinciaux qui le lisent ce qu'ils ignorent peut-être, c'est que cet homme est aussi rageur qu'il est gros, aussi malin qu'il est bourgeois, aussi compliqué qu'il a l'air simple. Il y a en lui un combat perpétuel d'éléments divers Docile, altier, terne, pompeux, timide, audacieux, irréligieux, superstitieux, puritain, courtisan, béat, suivant le thermomètre des événements, encensant la liberté ici, la souffletant là, saisissant avec des transports de style toutes les occasions d'être agréable à l'autorité qui se soucie peu de ses salamalek, donnant l'hospitalité de son cœur et de son journal à toutes les théories et à toutes les nouvelles ennemies du système monarchique, prêchant le règne du silence pour certains journaux et réclamant pour lui le droit souverain du bavardage, en apparence dédaigneux des titres et des honneurs publics, follement amoureux de son sous-titre d'*ancien rédacteur en chef de* LA PRESSE, qu'il colle sur tous ses prospectus, et qui ne me paraît pas lui rapporter grand profit dans l'opinion éclairée de ses contemporains, M. Adolphe Guéroult résume assez complètement, en sa respectable personne, les égoïsmes et les sauts de carpe de l'école saint-simonienne. Il appelle M. Enfantin son papa ! Singulier bon papa que celui qui bénissait la main sanguinaire du despotisme autrichien en Italie, qui s'agenouillait avec admiration devant la diplomatie de Metternich ! Mais ce qui m'empêche de trop chiffonner ici le majestueux rédacteur en chef de *l'Opinion nationale*, c'est de savoir qu'avec son bagage d'opinions avariées, ses rigodons libéraux, ses *rigolbochades* politiques, il se croit un homme d'avenir ! Son idolâtrie pour le père Enfantin n'a d'égale que sa naïveté politique. C'est incroyable !

Aussi fort en musique qu'en droit, aussi distingué en religion qu'en politesse, il s'imagine sans rire que toute la France ne peut manquer d'adopter, dans un temps prochain, son nouveau code d'indépendance et de civilité, d'entrer dans le giron de l'église politique, économique, artistique et attique du père Enfantin. On prétend même qu'il a déjà distribué, en perspective, à quelques-uns de ses collaborateurs, les principaux départements de ce gouvernement lyrique. En sa qualité de chef d'attaque, M. Guéroult se réserverait la direction de tout le lutrin politique. Il y joindrait la garde du sceau des apostilles ! M. Sarcey remplirait les fonctions anormales de ministre des Leçons. Ce serait lui qui les recevrait. M. Azevedo gouvernerait la Banque de la réforme musicale et ses grosses caisses. M. Pauchet, le Valserres des faits divers, aurait les travaux publics de la Réclame. M. Castagnary serait ministre de la négation des cultes. Quant à la police de la France artistique et littéraire, elle serait réunie au département de la guerre et du scandale au rez-de-chaussée de *l'Opinion nationale*. Naturellement, M. Larrieu resterait ministre de l'agriculture de l'abonné et du commerce de la Prime. Eh bien ! non, avec toute son imagination politique, M. Guéroult n'est pas un homme du lendemain, un homme d'avenir, c'est tout au plus un journaliste du soir, un crieur de nuit. L'avenir n'a rien à faire avec les maquignons de la liberté, avec ces gens qui gâchent tous les principes qu'ils touchent, qui déguisent sous des allures révolutionnaires, sous l'artifice d'un patriotisme bruyant, des programmes complets d'intolérance ; le rédacteur en chef de l'*Opinion nationale* doit faire son deuil des couronnes civiques qu'il a rêvées à proche échéance pour ses inventions de liberté bâtarde. Il fait partie, comme timbalier et chapeau chinois, de la dernière mascarade du libéralisme. A la réforme ! ces patriotes poussifs, ces démocrates fourbus, ces monarchistes boiteux, ces parlementaires poltrons, ces Français louches ! A la réforme ! ces journalistes qui psalmodient, depuis trente ans, le même verset de récriminations contre les gouvernements et les révolutions ! Non, l'avenir ne veut point de l'école saint-simonienne, de cette école qui a dévalisé Fourier, qui a nivelé l'idée et le sentiment sous son industrialisme ; de cette école sans poésie, sans art, sans religion, sans indépendance, sans originalité, sans âme. Où sont ses poëtes, ses musiciens, ses hommes d'Etat, ses profonds politiques ? Elle n'a produit que des hommes de Bourse, des hommes de plumes, des bureaucrates, quelques symphonistes surfaits et des argonautes socialistes à foison. L'école saint-simonienne, engraissée par l'agio, est arrivée au terme de sa grossesse. Un beau matin, espérons-le, l'Etat la délivrera de tout ce qu'elle s'est incorporée au détriment de la nation. Qu'elle jouisse de ses derniers restes, de ses encaisses métalliques, de ses titres de rente, de ses canaux, de ses mines, de ses chemins de fer. Qu'elle serre bien le magot qu'elle a ramassé en cultivant le crédule actionnaire. La riante saison des priviléges et des accaparements touche à sa fin. La France rentrera dans tous ses droits, dans la plénitude de sa richesse. Béni soit ce jour de justice sociale, d'épurements de comptes ! Paix au gouvernement de bonne volonté qui précipitera cette liquidation ! Les saint-simoniens à la porte des institutions de bien public ! Encore une grande piraterie bancocratique et politique menacée d'anéantissement ! L'école saint-simonienne est moralement et politiquement vidée, épuisée, condamnée. Les monarchies comme les républiques, les empires démocratiques comme les royautés constitutionnelles, répudient désormais ces voltigeurs de tous les camps, ces volages amants de la Liberté.

La France agricole,

MONITEUR DES ASSURANCES.

N° 1, 1er septembre 1859. — In-4° à trois colonnes. Mensuel. 10 francs par an. — Remplace la *France* et le *Journal des Cultivateurs*.

L'Ami des livres,

REVUE MENSUELLE DES VENTES ET DES BIBLIOTHÈQUES PUBLIQUES ET PARTICULIÈRES.

A la Librairie française et étrangère, quai Malaquais, 3.
20 centimes le numéro.

N° 1, 9 septembre 1859.
Dans le supplément du numéro 14, on lit :

Poésies persanes. In-8° allongé. — 30 francs.
Manuscrit persan.
Extraordinairement piqué. On ne saurait, si l'on n'a vu l'intérieur de ce volume, se figurer jusqu'où s'étend l'ingéniosité des vers. C'est le plus curieux spécimen de leur savoir-faire.
Reliure orientale en mar. brun, à compartiments, fort belle et respectée du ver.

La Semaine illustrée,

N° 1, 10 septembre 1859. — 40 centimes le numéro. 6 francs par an. — Directeur : J. Paradis.

Revue industrielle,

REVUE MENSUELLE DES FAITS CONCERNANT L'INDUSTRIE.

N° 1, 10 septembre 1859. — 18 francs par an. — Directeur : Ch. Tellier.

La Gazette du Nord.

REVUE INTERNATIONALE.

N° 1, 20 septembre 1859. — Hebdomadaire. — Un an, 24 fr., six mois, 13 fr. — 35 centimes le numéro. — On s'abonne, en France et à l'étranger, chez tous les libraires et à tous les bureaux de poste. — Bureaux, à Paris, 19, boulevart Montmartre.
Directeur-rédacteur en chef : M. Gabriel de Rumine. — Collaborateurs : Dimitri, Bor, Ch. Tramont, E. Reyer, J. Regnault, Couder, Stouf, Kohl, Birger, Fitz Williams, Stadt, P. Gournay, madame Ancelot, Zimmermann, Scudo, prince B. Galitzine, Xavier Aubryet.

Ce journal a été fondé par M. Gabriel de Rumine, ancien officier de cavalerie dans la garde impériale russe.

Le directeur s'est proposé d'établir un organe

qui puisse servir les vrais intérêts de sa patrie en y faisant mieux connaître la France, et en reliant les deux pays d'une façon plus directe et plus intime...

Après quelques tâtonnements et quelques hésitations, il dut s'apercevoir que le but qu'il s'était proposé ne pouvait être atteint par une publication purement littéraire ; il résolut dès lors, c'est-à-dire depuis le commencement de l'année courante, de demander l'autorisation de publier un journal politique. Voici comment il conçoit la mission de l'organe qu'il désire fonder actuellement en transformant *la Gazette du Nord :*

Porter toute son attention sur la politique internationale, en prenant pour base de cette politique les bons rapports entre la Russie et la France, dans le sens d'une activité commune, en faveur du développement des nationalités et du progrès pacifique et régulier des intérêts intellectuels et matériels ;

Donner un résumé hebdomadaire complet de la politique étrangère, en reproduisant les documents diplomatiques, les articles les plus remarquables des journaux anglais, allemands, russes, etc., etc., et en publiant des correspondances particulières dignes de confiance ;

Ne s'occuper de la politique intérieure de la France qu'au point de vue des actes officiels et des opinions émises par les principaux organes de la presse ;

Servir les intérêts de son pays en faisant connaître la vérité vraie sur son compte, et en réfutant les erreurs volontaires ou involontaires des journalistes étrangers ;

Tenir le public français au courant du mouvement littéraire en Europe et en Amérique, au moyen d'une bibliographie raisonnée des publications les plus récentes ;

Remplir le même office au point de vue des intérêts financiers, en donnant le résumé du cours des fonds publics et des valeurs industrielles sur les différents marchés de l'ancien et du nouveau monde.

Tel est le but, telle est la marche indépendante que M. de Rumine entend poursuivre dans le journal politique qu'il se propose de fonder : il est appuyé, dans son entreprise, par l'intérêt qu'a daigné y porter, dès son début, S. A. I. le grand-duc Constantin, par l'assentiment du prince Gortschakoff, ministre des affaires étrangères, et par les sympathies de plusieurs compatriotes distingués, ainsi que de quelques Français qui ont bien voulu s'intéresser à cette œuvre internationale.

M. de Rumine a cru que cet organe de la pensée, en servant les intérêts de la Russie et en cherchant à satisfaire la curiosité du public, ne nuira pas à la France, car c'est dans la bonne intelligence avec ce pays que le directeur de *la Gazette du Nord* veut la garantie de la prospérité et de l'avenir de sa patrie.

GABRIEL DE RUMINE, ancien officier de cavalerie,

appartient à une famille très-riche, considérée et connue par sa participation aux grandes affaires financières et industrielles, aussi bien que par les sacrifices qu'elle n'a cessé de faire pour l'instruction publique et la civilisation en général. Tout récemment encore, l'oncle de M. de Rumine, curateur honoraire du Gymnase (lycée) de la ville de Riasan, a fait don à cet établissement de cent mille roubles argent (quatre cent mille francs).

Élevé dans de tels sentiments, et ayant de tels exemples sous les yeux, M. de Rumine s'intéressa de bonne heure aux questions de civilisation, de sciences et de littérature. Après avoir servi quelque temps, comme officier, dans les hussards de la garde, et ne trouvant pas, pendant la paix, un aliment suffisant à son activité, il se décida à faire un voyage d'exploration en Sibérie, et consacra deux ans à peu près à l'étude des ressources si peu connues de cette vaste et riche contrée.

De retour en Russie, voyant la guerre approcher, il s'empressa de se ranger sous les drapeaux et fut attaché à la personne du comte Osten-Saken, qu'il accompagna, en qualité d'aide de camp, en Valachie et en Moldavie, et enfin à Sébastopol, où ce général fut envoyé comme chargé de la défense de la place.

Sa conduite dans cette guerre a été récompensée de plusieurs décorations (la croix de chevalier de Sainte-Anne, celle de Saint-Wladimir, et le cordon de commandeur de Saint-Stanislas), et d'un sabre d'honneur avec cette inscription : *Pour la bravoure*.

La guerre finie, M. de Rumine déposa de nouveau l'uniforme qu'il avait su porter avec courage et distinction, et il se livra aux études qui lui étaient chères. Parmi ces études, la photographie attira son attention ; et après s'être livré à des investigations sur toutes les applications de cet art nouveau, il profita de l'occasion que lui offrait le voyage entrepris par S. A. I. le grand-duc Constantin, autour de la Méditerranée, pour mettre en pratique les connaissances qu'il avait acquises. Le résultat artistique de ce voyage a été apprécié de la manière la plus favorable par tous les connaisseurs et les hommes spéciaux (1).

C'est pendant ce voyage que M. de Rumine, dans ses conversations avec le grand-duc et les personnages de sa suite, commença à entretenir l'idée d'une publication périodique, à Paris, qui devait servir d'abord à publier le récit du voyage du grand-duc, et ensuite à faire connaître la Russie à l'étranger, et particulièrement en France, pays pour lequel M. de Rumine a toujours éprouvé une vive sympathie : c'est là l'origine de *la Gazette du Nord*.

. Après avoir consacré à cette idée, pendant quelques mois, son temps et son argent, M. de Rumine s'aperçut que son journal ne pouvait avoir le suc-

---

(1) Voir *la Gazette des Beaux-Arts* et le dernier numéro de *l'Artiste*.

cès qu'il ambitionnait qu'à la condition de contenir une partie politique, la littérature seule étant aujourd'hui incapable d'attirer et de soutenir l'attention du public.

La Gazette du Nord prendra bientôt place dans la presse politique, et paraîtra en double feuille avec le format du *Siècle*. Nous applaudissons franchement au programme de M. de Rumine : son journal est un nouveau trait-d'union entre la Russie et la France.

L'Écho du Commerce,

DE L'INDUSTRIE ET DE LA PROPRIÉTÉ MOBILIÈRE.

N° 1, 30 septembre 1859. Paraissant deux fois par semaine. — 16 francs par an.

L'Espérance.

L'*Espérance* qui paraît depuis le mois d'octobre 1859, est un journal international quotidien, imprimé à Genève, avec des rédacteurs à Paris, comme le *Nord* et l'*Indépendance*. A son frontispice elle porte une étoile avec cette devise qui rappelle deux grands faits et deux grandes idées :

PATRIE ET LIBERTÉ.

L'*Espérance*, suivant la même ligne que la *Tribune du Peuple* qui paraissait à Paris il y a quelques années, réclame l'affranchissement de la

Pologne, de l'Italie, de la Hongrie, de l'Irlande, en un mot de tous les peuples qui souffrent de l'oppression étrangère. Elle soutient la politique française dans le sens de la lettre au Pape, en vue de l'indépendance de l'Italie et sur le terrain démocratique, en vue de toutes les améliorations sociales si minimes qu'elles soient.

Ses principaux rédacteurs, à Genève, sont les frères d'Adam Mickiewitz, l'ex-professeur au Collége de France ; à Paris, Armand Levy, ex-rédacteur du *Journal des Ecoles*, candidat aux dernières élections ; Antonio Watripon, qui a appartenu longtemps aux journaux politiques, avant et après 1848, au *Progrès de l'Oise*, à la *Réforme*, à la *Révolution*, au *Bonhomme picard*, à la *Lanterne du quartier Latin*, à de nombreux journaux littéraires, au *Figaro*, au *Rabelais*, au *Béranger*, au *Mouvement*, dans lequel Francis Lacombe expectorait ses nauséabondes études historiques ; Fauvety, ancien rédacteur en chef de la *Revue philosophique*. Pierre Vinçard, ex-collaborateur de la *Presse*, traite dans l'*Espérance* les questions relatives au travail et aux ouvriers ; Pierre Leroux y a commencé une série de feuilletons intitulés : les *Martyrs de la Liberté italienne*; Ivan Golovine, Farini, Joseph Krazenski, Pierre Maestri, Owerbeck, sont ses principaux correspondants en Italie, en Pologne, en Russie, en Allemagne, en Prusse. L'*Espérance* compte un ou plusieurs correspondants dans les principales villes de l'Europe. Son bureau est à Paris, rue du Temple, n° 83. Elle représente principalement les tendances de l'école panslaviste dont Adam Mickiewitz était regardé comme le chef. Le numéro du dimanche est spécialement consacré aux travailleurs et aux questions qui les intéressent.

Les complications survenues entre la France et la Suisse, à propos de l'annexion de la Savoie, avaient pris, à une certaine heure, un caractère menaçant pour l'imprimerie de l'*Espérance*. Les Suisses de Genève, les *Purs*, s'étaient portés triomphalement aux abords des bureaux du journal, et, au nom de la liberté helvétique, s'apprêtaient à tout casser. Devant ce déploiement de museaux démocratiques, la direction de l'*Espérance* avait dû invoquer le droit des gens et réclamer le secours des troupes fédérales. Nous devons dire que l'autorité genevoise a fait son devoir en envoyant le secours demandé. L'émeute de ces nouveaux chauffeurs fut dispersée, mais l'esprit suisse reste toujours anti-français ; il n'a de rival dans son mépris pour la France que l'esprit belge. Voilà encore une nationalité qui s'en va, celle de la Suisse ! On a professé, depuis longtemps, pour ce peuple la superstition du respect. Il n'est plus guère intéressant que dans l'opéra de *Guillaume Tell*. Ailleurs, rien de plus envieux, de plus mercenaire, de plus bâtard que l'esprit de ce peuple ; il a entrepris la fourniture européenne des valets du despotisme. Il en expédie à Naples, à Rome, partout où le dogme monarchique a besoin de s'appuyer sur la force stupide et sur la cruauté béate. On a parlé, dans les romans, de la nostalgie des Suisses. Jamais peuple n'a moins tenu que celui-là à ses dieux-lares ; voyez son histoire funambulesque. Cette histoire a pour symboles la pique et la hallebarde ! Il invoque sa neutralité. C'est une égide qui ne peut plus être qu'un vieux masque, car c'est la Suisse qui a donné passage la première aux troupes alliées, en 1815, et qui a déchiré ainsi les traités qui garantissaient son indépendance. Selon moi, la Suisse n'est qu'un hors-d'œuvre sur la carte d'Europe.

L'*Espérance* passe pour être le journal du comte de Cavour. Depuis quelques mois une conversion s'est opérée dans l'esprit de sa rédaction. Elle se rallie ouvertement aux idées napoléoniennes : souvent on pourrait la prendre pour un supplément du *Moniteur*.

Journal de Paris,

ADMINISTRATIF, INDUSTRIEL ET LITTÉRAIRE.

N° 1, samedi 1er octobre 1859. — Hebdomadaire. — Paris, 12 fr. — Départements, 16 fr. — Etranger, 18 fr. — 2, rue Joquelet. — Rédacteur en chef : Henri Vié. Collaborateurs : MM. Alfred Darimon, député de la Seine; Eugène Pelletan, Louis Figuier, Benjamin Gastineau, Emile de la Bédollière, Louis Jourdan, Eugène d'Auriac, Auguste Husson, T.-N. Bénard, Alexandre Bonneau, Alfred Delvau, Louis de Charolais, Charles Monselet, Jeanron, Amédée Rolland, Firmin Maillard, Paul de Lascaux, Alphonse Duchesne, Paul Avenel, Castagnary, Amédée Hardy, Jules Mahias, Bourdet, Prosper Bailly, Frédéric Look, Edouard Merlieux, Louis Richard, Antonin Mulé, Henri Izambard, Léon de Rosny.

Le *Journal de Paris* a été fondé par M. Jules Mahias. Il y a des titres et des noms qui portent malheur à leurs propriétaires. Le *Journal de Paris* de 1859 a eu cette fatalité. Sa résurrection n'est qu'une agonie. Il n'est ni administratif, ni industriel, ni littéraire. Avant d'être administratif, il faudrait d'abord savoir s'administrer; pour être littéraire, il ne faudrait pas se livrer à la littérature exclusive du roman-feuilleton tel que l'écrivent MM. Jules Mahias et Henri Vié. On a remarqué que les deux directeurs ont inauguré leur feuille par deux romans intarissables, par *la Vierge aux Cyprès* et la *Centaurea*. Ce qui a fait dire que le *Journal de Paris* n'avait été remis au monde que pour donner asile à ces ours de portefeuille. Il est beau à notre époque d'avoir, comme M. Viennet, des hardiesses classiques, mais tout l'art n'est pas là. D'abord hebdomadaire dans le format du *Siècle*, puis bi-hebdomadaire, enfin *re*-hebdomadaire avec la justification du *Courrier du dimanche*, le *Journal de Paris* a passé par de nombreuses vicissitudes de rédaction, de direction, d'impression, et a déjà consommé deux gérants. Le premier, M. Lemarchand, qui s'entendait cependant en industrie, fut supplanté par M. Gemit. Drôle de nom ! J'espère bien qu'il ne faisait pas allusion au départ de M. Lemarchand. A quoi ? ô mon Dieu ! Aujourd'hui M. Yvelin, autrement dit le sire de Rochefort, médaillé de Sainte-Hélène, chevalier de l'ordre de Grégoire XVI, signe le journal. Le rédacteur en chef est M. Henri Vié : il partage les soucis du pouvoir avec M. Jules Mahias qui veille dans l'ombre. Ce journal a dévoré une assez jolie somme d'argent pour son âge. Ce titre avait été pris par quelqu'un qui ne le céda à M. Mahias que sur espèces bien comptées. Depuis sa transformation, c'est-à-dire depuis l'avénement de M. Henri Vié, il est devenu un peu plus lourd, un peu plus poncif et inutile. Le style municipal y atteint le dévergondage des strophes politiques de M. Granier de Cassagnac. Certainement, on pouvait faire un vrai *Journal de Paris*, mais il aurait fallu pour cela des hommes, de la jeunesse, de l'expérience, de l'autorité, de l'audace, un but, du flair, tout ce que n'a pas le *Journal de Paris* de 1860. Qu'ont fait ses propriétaires ? Ils sont venus à la remorque de la *Gazette municipale*, des *Faits-Paris* de tous les journaux, des nouvelles moisies de la huitaine, et de littérateurs patibulaires qui traînent leurs copies funèbres dans toute la petite presse. Les malins, ils n'ont pas vu les oiseaux de proie fondre sur tout le corps de leur journal !

Mauvais signe, signe de mort, entendez-vous, entrepreneurs de revues politiques et littéraires, que l'apparition de ces confrères-là ? Ils sont, par

Paris, une bande. On les voit s'abattre et s'épater sur toutes les feuilles naissantes. Tant pis quand ils s'y installent ; c'est qu'ils ont flairé le cadavre. Ils amènent avec eux la misère, la servilité, la platitude, la banalité, la faim, la soif, le haillon, la honte, les larmes, les complaintes, la mendicité. Estropiés de cœur et de cervelle, opiniâtres comme la gale, plats comme la punaise, hideux comme l'apostasie, ils promènent sur toutes les feuilles qui fleurissent l'oïdium de leur copie. Ils ne savent que remplir les journaux et s'y remplir. Ces plumes sont des crocs, ces esprits sont des ventres, ces articles sont des emplâtres, ces figures des masques criblés par le vice. Ah ! ça ! le gouvernement ne fera donc pas construire un égout collecteur au milieu de la république des lettres ?

JULES MAHIAS, âgé de 25 ans, — marié, — surnommé le SAGE, par Auguste Luchet, — membre actif de la Société des gens de lettres, — secrétaire de la rédaction à *la Presse*, — ex-rédacteur de *l'Estafette*, du *Journal de la Banlieue*, dirigé par le docteur Isambard, et de *la Petite Presse*, — catholique, apostolique et romain, — écrivain universel : poésie, politique, économie sociale, questions municipales, faits divers, correspondances étrangères, alinéas à la Girardin, tout est de son ressort et de sa signature, — auteur d'un volume de vers inédits : *les Virginales*, qu'il compare au *Chant du cygne*, — auteur de *la Vierge aux cyprès*, roman qui a égayé le rez-de-chaussée du *Journal de Paris*, où il signait, sous le pseudonyme de Dehays, l'article fondamental de l'édilité. — En province, et même à Paris, on le prend généralement pour un vieillard. En lisant, dans *la Presse*, ces articles condensés, ces alinéas doctoraux, ces entrefilets excessivement politiques, que Jules Mahias revêt de sa signature majuscule et qui lui attirent les douleurs de l'avertissement, le bon public se représente le secrétaire de la rédaction de *la Presse*, sous les traits d'un homme plus que vieux, grave, compassé, méditatif, atteint de calvitie, orné de lunettes cylindriques, vacillant dans son paletot noisette, allongé comme une chronique de M. d'Audigier, courbé et jauni dans les veilles du métier et sous le feu dévorant des idées. Rien de plus faux que cette opinion. Qu'on se le dise! Mon honorable et jeune confrère Jules Mahias a bien, comme tout le monde, ses petits défauts, ses défaillances, ses ridicules, ses superstitions, ses *araignées!* Par exemple, il prétend qu'il est le seul écrivain qui sache faire un journal; il se prend au sérieux; en cela je le trouve plus hardi que la Bédollière. Il ne croit qu'aux femmes catholiques, et affirme que toutes les autres bégaient à peine les premiers préceptes de l'*Art d'aimer*. La question des bibliothèques communales est son dada, et le costume des pompiers de Boulogne-sur-Seine est le sujet de ses grandes préoccupations. Son ambition est d'être, dans dix ans, sous-préfet de Saint-Denis, et il est bien capable de faire l'ascension de cette dignité, car il ne doute de rien. Mais dans tous ces rêves et toutes ces lubies, on serait bien mal avisé de découvrir des symptômes de vieillesse. Aveugle qui ne reconnaîtrait pas le jeune homme ! M. Jules Mahias est dans toute sa fleur, dans tout l'épanouissement de ses succès, dans les beaux jours de la vie : les bonnes fortunes l'entourent, et les Grâces s'inclinent sur sa route. Sa jeunesse cotoie celle de M. Prévost-Paradol, et son esprit cherche à s'enlacer à celui de l'ex-rédacteur des *Débats*. Avec toutes ces chances, qui pourraient tourner la tête à d'autres jeunes gens, Jules Mahias reste un confrère serviable, un ami dévoué, un excellent compagnon. Son cœur est inépuisable, sa douceur est inexprimable, sa loyauté est proverbiale. On peut lui donner la main sans réticences.

FIRMIN MAILLARD. — Vingt-six ans, né à Dijon ou à Gray. — On ne sait pas s'il descend de Jean Maillard, qui tua Étienne Maillard, de Guillaume Maillard, lieutenant criminel sous François Ier, qui mena tant de gens au gibet, ou encore de Stanislas Maillard, le fameux *septembriseur* : on va voir que ces trois aimables citoyens ne sont pas sans exercer une certaine influence mystérieuse sur le Maillard dont nous nous occupons.

On ne sait rien non plus de sa poétique enfance. Aujourd'hui, Firmin Maillard passe son temps aussi agréablement que possible. Quand il n'est pas à la *Bibliothèque impériale* (ce qui est rare) en train de guetter un in-8° quelconque, il est à Clamart, ou à la Morgue, ou à l'École pratique. Il visite assez souvent les hôpitaux, et regarde la salle des Morts de l'Hôtel-Dieu comme une des plus jolies choses qu'il ait vues. Bicêtre, Charenton, les établissements de ce genre, se partagent ses visites pendant la belle saison : il appelle cela aller à la campagne. — Quand il est en gaîté, il va flâner dans les cimetières de la capitale.

Il assiste à toutes les exécutions, et le bourreau pourrait répéter aux gendarmes ce mot bien connu : « *Laissez approcher monsieur; c'est un amateur.* » — Les suicidés ont aussi toutes ses tendresses; il sait son pendu sur le bout du doigt; le noyé n'a pour lui aucun mystère. Naturellement, sa bibliothèque se ressent de cela, et il a une jolie collection de bouquins dont la Mort fait principalement les frais : on parle même d'une certaine reliure en peau humaine!...

On va croire que j'exagère. Non! je ne suis ni en deçà, ni au delà de la vérité; je raconte fidèlement; et ce qu'il y a de plus curieux, c'est de voir Firmin Maillard promener d'un air convaincu, au milieu de tout ce noir, une gastrite imaginaire à laquelle il attribue des projets homicides sur sa petite personne.

Tout cet attirail lugubre ne paraît pas l'affecter beaucoup. Il est gai et souriant. Son ami Duchesne a dit de lui : « Ce carnassier, ce critique fauve est doué d'une physionomie ouverte et franche où respirent l'innocuité, la bonne humeur et le contentement de vivre; il vous a de grands yeux noirs dont le regard doux et vague rappelle celui du bœuf enfoui jusqu'au ventre dans les herbages de son choix. » Alphonse Daudet prétend qu'il a une tête de loup qui serait bon.

Firmin Maillard assure qu'il n'y a rien de si grotesque que les vivants qui entourent les gens qui meurent, — et j'ajoute : ceux qui viennent au monde. « Je trouve là, dit-il, de grands éléments de gaîté, le vrai comique en un mot, mais ce n'est pas ce que je cherche... »

Ah !... que cherche donc Firmin Maillard ?... on n'a jamais pu savoir ! néanmoins, il se donne le luxe d'une opinion politique. Longtemps il a pensé qu'il était le seul républicain convaincu de notre époque. Aujourd'hui, il n'est plus républicain (l'homme est ondoyant et divers, a dit Montaigne). Il prétend même qu'il connaît trop les jeunes républicains d'aujourd'hui, que ce sont des farceurs, et il les appelle les *sous-préfets de l'avenir !*

Il est flottant à l'heure qu'il est; voilà pour sa politique *intérieure*.

Maintenant, très-chauvin ! la chanson :

Quand l'étranger ose envahir la France,

résume parfaitement sa politique *extérieure*.

Entre nous, en politique de la force de Bilboquet.

Il vient de publier un petit livre tout plein d'érudition et de cadavres, intitulé : *Recherches historiques et critiques sur la Morgue*, — ce qui ne vous étonnera pas, je pense, en raison de ce que j'ai dit plus haut.

Mais avant de lâcher Firmin Maillard, égayons ce portrait par une anecdote très-authentique. Si nous avons cité quelques-uns de ses homonymes, l'*Almanach des vingt-cinq mille Adresses* en cite plus que nous, ce qui désespère le malheureux Firmin Maillard, et il a, ma foi, raison ; vous pouvez en juger : — C'était en 1854 ; Maillard n'était pas encore membre de la Société des Gens de lettres ; il ne songeait même pas à ces petits carrés de papiers qu'on appelle *journaux,* et dont il devait être plus tard l'historien, ou plutôt « le fossoyeur ironique ; » Maillard, avec une première inscription de médecin dans la poche, flânait résolûment, observant les hommes et les choses. Or, une nuit (on ne fait ces choses-là que la nuit), Maillard prit un crayon et du papier, improvisa une pièce de vers qu'il intitula : *les Exilés,* puis se rendormit. Au réveil, il relit la pièce de vers, n'en croit pas ses yeux : « C'est tout simplement splendide ! » s'écrie-t-il, et, dans son enthousiasme, la copie et l'envoie à un de ses amis de la province, avec ces mots : « *Ah ! je n'ai pas une organisation de poëte ? — Qu'est-ce donc que cela , s. v. p. ?* » (Le malheureux ! il y avait un vers d'une haute portée politique et de seize pieds !)

Le lendemain, le jeune Maillard recevait une lettre dans laquelle un substitut du procureur impérial (signature parfaitement illisible) l'invitait à passer au parquet, le jour suivant (le 2 avril), pour, AFFAIRE QUI L'INTÉRESSE !

« Sapristi, se dit Maillard, je suis pincé ; on a ouvert ma lettre ; voilà ce que c'est que de *politiquer !* Aussi, avais-je besoin de me mêler des affaires du gouvernement ! C'est bien fait ; sapristi, sapristi ! » Et il brûle la seule chose compromettante qu'il ait chez lui, c'est-à-dire la fameuse pièce de vers. Puis, à force de relire la malencontreuse imitation, il cherche à se persuader qu'il est victime d'un odieux *poisson d'avril,* et en arpentant vivement sa chambre : « Ah ! ah ! s'écrie-t-il, si c'est comme cela, je fais destituer l'employé qui s'est permis de se servir d'un papier et d'un cachet administratifs ; oui, je serai inflexible, je le ferai destituer et je lui demanderai des dommages-intérêts ! Oui, mais cela n'est pas un *poisson d'avril.....* Horreur ! horreur ! » Et Firmin Maillard pense à la paille humide des cachots du mont Saint-Michel, et cela en supposant encore quelque clémence au gouvernement qui peut, en employant, il est vrai, les moyens de rigueur, l'envoyer rejoindre les condamnés politiques, objet de la fameuse pièce de vers. — Enfin, le 2 avril se lève, Firmin Maillard passe un habit noir et se dirige vers le Palais de Justice ; à midi, il entre dans une salle d'attente où on le fait asseoir à côté d'un quidam qui, immédiatement, cherche à lier conversation : « Monsieur est plaignant, sans doute ? » — « Ni plaignant, ni à plaindre, » répond d'une voix sombre le jeune Maillard, qui, malheureusement pour lui, ne pense pas un mot du second membre de sa phrase. Ceci clôt la conversation ; on appelle peu à peu tous ceux qui sont dans la salle, et, à quatre heures, Maillard, qui se voit seul, demande au greffier si son tour ne viendra pas bientôt. — « Eh ! lui répond sèchement celui-ci, il y a longtemps qu'on vous a appelé. » Maillard se précipite dans le cabinet du substitut. — Il n'y a personne. — Inquiétude du *prévenu* qui s'assied timidement dans un coin. — Il cherche à voir si la fameuse pièce de vers est sur le bureau ; mais comme il est myope, impossible de rien distinguer. — Cinq portes donnent dans le cabinet; il n'ose faire un mouvement, crainte d'être surpris se promenant près du bureau et fouillé en sortant (s'il en sort, grands dieux !), ce qui est humiliant.

Entrée du substitut. — Étonnement de celui-ci : « Eh quoi ! quelqu'un ici ?

— C'est M. le greffier qui m'a dit d'entrer... »

Le substitut agite convulsivement une sonnette.

Entrée du greffier. — Comment le service se fait-il ? Je sors un instant et vous laissez quelqu'un dans mon cabinet où il y a des papiers importants... (*re*-inquiétude de Maillard qui se dit : Bien sûr on va me fouiller, et c'est humiliant)... Enfin, pourquoi monsieur est-il ici ? — Le greffier, irrité d'avoir reçu un *savon*, répond en écrasant du regard notre malheureux ami : DÉTOURNEMENT DE MARCHANDISES ! Stupéfaction de Maillard qui est aussi aplati que si on l'accusait d'un petit assassinat. Après les formalités d'usage, le substitut lui dit : « Ne vous a-t-on pas confié, Monsieur, 3,252 douzaines de cannes ? » Et sur la réponse négative de Maillard, il ajoute : «Du reste, je crois qu'il y a ici une erreur ; la personne qui a déposé une plainte contre vous était tout à l'heure dans la salle d'attente assise à côté de vous, et m'a assuré n'avoir pas vu de Maillard dans la salle... c'est cependant bien contre un Maillard, telle rue, tel numéro, que la plainte a été déposée... enfin, vous pouvez vous retirer. »

En rentrant chez lui, le cœur léger, notre ami Maillard se heurte chez son concierge contre son voisin du Palais de Justice, qui s'écrie en l'apercevant : « Ah ! mon pauvre Monsieur, figurez-vous qu'il y a un Maillard qui habite aussi cette maison, et c'est à lui que j'ai affaire ; oh ! il est très-grand, vous êtes petit, il n'est pas laid garçon !... vous ne vous ressemblez pas du tout, oh ! mais là pas du tout ! Veuillez donc venir au café voisin, et permettez-moi de vous offrir quelque chose à titre d'indemnité pour l'ennui que je vous ai causé. »

— « C'est bon, c'est bon, fit Maillard en se sauvant ; une autre fois n'oubliez jamais le prénom quand vous aurez affaire avec un des trop nombreux Maillards qui émaillent la capitale. »

Je me résume : c'est encore un joli toqué !

D'AURIAC (PHILIPPE-AUGUSTE), né à Toulouse le 17 octobre 1816. Fils d'un négociant de cette ville. Vint jeune à Paris, fit ses études au collége Bourbon, et entra ensuite à l'École des Jeunes Élèves de langues orientales annexée au collége Louis-le-Grand. A l'âge de vingt ans, il s'engagea dans le 14e régiment d'artillerie; mais bientôt, dégoûté de la cocarde, il se remit à l'étude des langues arabe et persane, en suivant les cours de l'École des langues orientales vivantes, et entra à la Bibliothèque royale au mois de mai 1838. Aujourd'hui, M. d'Auriac est encore attaché à la Bibliothèque impériale, où il rend chaque jour d'immenses services à tous nos savants et à nos littérateurs. Il est membre corresponddant de l'Académie des sciences, inscriptions et belles-lettres de Toulouse, de la Société archéologique du midi de la France, de la Société archéologique et historique de la Charente, de la Société des sciences, lettres et arts de l'Aveyron, etc., etc.

Dès l'an 1839, il entra dans la presse comme collaborateur du *Capitole*, journal politique qui cessa de paraître à la fin de 1840; puis il travailla à la *Revue générale biographique, politique et littéraire*, aux *Français peints par eux-mêmes*, publiés par Curmer, et à la *Mosaïque du Midi*, imprimée à Toulouse. Il participa aussi à la rédaction des *Églises de Paris*, charmant livre dans lequel il donna l'histoire de la Sainte-Chapelle. Enfin, il a fondé, avec plusieurs jeunes littérateurs devenus aujourd'hui des maîtres, la *Revue de la Province et de Paris*.

En 1848, M. d'Auriac était directeur-gérant de la *Revue littéraire*, qui avait succédé à la *Revue hebdomadaire ;* mais il ne tarda pas à la quitter pour être attaché à la rédaction du *Siècle,* où il a publié sans interruption, depuis 1851, des éphémérides historiques, et où il est particulièrement chargé des articles historiques et archéologiques.

Il serait difficile de signaler tout ce qui a été écrit par M. d'Auriac. Nous connaissons de lui, outre diverses notices sur M. Reynaud, professeur d'arabe, membre de l'Institut, sur le docteur Ricord, sur M. Charles Lenormant, le savant archéologue qui vient d'être récemment enlevé à la science, et sur l'acteur Arnal :

D'Artagnan le Mousquetaire, publié d'abord en deux volumes in-8°, puis dans le format illustré. C'est l'histoire véritable de ce héros du roman d'Alexandre Dumas. L'auteur y fait connaître la vie aventureuse du capitaine d'Artagnan, ses duels, ses rapports avec Athos, Aramis et Porthos, ses amours, ses intrigues et ses missions politiques, ses combats, sa mort;

Louis-Philippe, prince et roi, 1843, in-12 ;

Notice biographique et historique sur le général baron Dupin, ancien colonel des chasseurs de la garde; brochure in-8°, deux éditions;

Notice historique sur Antoine d'Estaing, évêque d'Angoulême et dame d'Aubrac. 1853. In-8°;

Notice sur Vincent Voiture, brochure in-8°, d'abord publié dans la *Revue française;*

Recherches sur l'ancienne cathédrale d'Alby, son origine, sa position, son nom. 1851. In-8°.

Après cette publication, l'auteur explique d'une

manière fort heureuse un document inédit du xiie siècle relatif au diocèse d'Alby, qui avait été, jusqu'à présent, incompris et mal classé, et le ministre de l'instruction publique le chargea, en 1851, d'aller recueillir tous les matériaux manuscrits ou autres relatifs à l'histoire ecclésiastique d'Alby.

Il publia, en 1857, un de ces curieux documents inédits, sous ce titre : *Description naïve et sensible de la fameuse église Sainte-Cécile d'Alby*.

Enfin, il a fait imprimer dernièrement, à l'imprimerie impériale, l'*Histoire de l'ancienne cathédrale et des évêques d'Alby, depuis les premiers temps connus jusqu'à la fondation de la nouvelle église Sainte-Cécile*. Ce dernier ouvrage, présenté au concours de l'Académie des inscriptions et belles-lettres pour les antiquités nationales, a été assez remarqué parmi les quatre-vingts concurrents pour obtenir une mention très-honorable.

Nous attendons de M. d'Auriac des *Études sur l'industrie française sous Louis XIV*, dont les lecteurs du *Siècle* ont déjà lu de nombreux fragments.

M. Benjamin Gastineau personnifie l'Ahasvérus du journalisme; c'est l'un des journalistes les plus éprouvés depuis 1848. A cette époque, il a successivement collaboré à la *Vraie République*, de T. Thoré, et à la *Voix du Peuple*, de P.-J. Proudhon. Un de ses articles de la *Comédie sociale*, qui raillait les opinions absolutistes du haut clergé, fut incriminé, porté devant le jury de la Seine et acquitté, sur la plaidoirie de M⁰ Crémieux. En 1850, nous trouvons M. Benjamin Gastineau rédacteur du *National de l'Ouest*, mais il quitte bientôt Nantes pour aller prendre la rédaction en chef et la gérance de l'*Ami du Peuple* du Gers et des Hautes-Pyrénées. Au coup d'État, M. Benjamin Gastineau fut arrêté et écroué à la prison d'Auch. En janvier 1852, il fut extrait de prison pour répondre, devant le jury du Gers, d'une saisie de trois articles de l'*Ami du Peuple*. Il fut acquitté ; mais la commission mixte du Gers le condamna à la transportation en Algérie, comme ayant participé d'une manière grave aux troubles de ce département en décembre 1851. Sur la terre d'exil, M. Benjamin Gastineau subit les métamorphoses les plus curieuses. Il nous raconte lui-même, dans son ouvrage *la France en Afrique et l'Orient à Paris*, illustré par Gustave Doré, que, pour manger du pain, il fut obligé de se livrer aux métiers les plus humbles. Nous retrouvons M. Benjamin Gastineau, en 1854 et en 1855, à Paris, collaborateur du *Journal pour tous* et du *Siècle*, dans lequel il *algérianise* et fait le compte-rendu de l'Algérie à l'Exposition universelle de 1855. En 1856, M. Gastineau va prendre, des mains de M. C. Souplet, la rédaction en chef du *Guetteur de Saint-Quentin*. En 1857, le rédacteur du *Guetteur* prêche l'abstention électorale, suscite un schisme de la province avec Paris et se prend de bec et d'ongles avec *le Siècle*, *la Presse*, *l'Estafette*, sur la question électorale. En février 1858, sous le ministère du général Espinasse, M. Benjamin Gastineau fut arrêté, et quelques semaines après le *Guetteur* fut supprimé, puis son rédacteur de nouveau transporté en Afrique, de sorte que les deux seuls journaux de province que M. Gastineau aient rédigés, *l'Ami du Peuple* du Gers et *le Guetteur de Saint-Quentin*, eurent le même sort, la suppression, et donnèrent à leur rédacteur le même résultat, la transportation en Afrique. M. Gastineau fera sagement de renoncer au journalisme de province, qui ne lui porte pas bonheur. Cependant, dans sa seconde transportation, notre Africain profita d'une meilleure chance que dans son premier exil. Quand il débarqua à Bône, l'imprimeur de la *Seybouse* vint offrir au transporté la rédaction de son journal, et M. Gastineau disserta tout à son aise sur la libre colonisation pendant six mois ; puis il collabora, pendant les trois premiers mois de sa fondation, à *l'Algérie nouvelle*, à Alger.

Revenu à Paris en 1859, M. Gastineau publia, dans le feuilleton et la variété de *la Presse*, des articles littéraires sur l'Afrique, qu'il a sillonnée de long en large, et des études littéraires dans le *Courrier du Dimanche*. M. Gastineau nous paraît revenu à sa première manière, qui est la littérature fantaisiste, librement exprimée, comme *le Règne de Satan*, *le Voyageur du* XIXe *siècle* (pardieu! il doit bien le connaître!), *Comment finissent les pauvres*, *le Carnaval de Paris*, et d'autres travaux très-estimés. M. Benjamin Gastineau doit, nous n'en doutons pas, posséder un solide bâton de voyage, coupé à la branche d'un palmier du désert; mais à trente-six ans, et après avoir longtemps parcouru le monde, il ferait bien de laisser l'insigne d'Ahasvérus au repos et de se servir de sa plume littéraire.

PAUL DE LASCAUX, — romancier, critique, nouvelliste, conseiller d'État des petits jeunes gens qui fondent des journaux. Il brille dans la confection de l'anecdote, et sourit à toutes les entreprises littéraires qui possèdent et distribuent des fonds. Ce littérateur parisien et départemental fait du journalisme comme de la pêcherie. Aujourd'hui M. Paul de Lascaux peut avoir une quarantaine de printemps, et autant de volumes publiés ou sous presse. Cette fécondité le classe à côté de M. Ponson du Terrail.

EUGÈNE PELLETAN, — *Chante-misère* de la démocratie, — républicain romanesque, — romancier politique. Dans ces derniers temps, M. Pelletan s'est mouché, avec beaucoup de grâce, dans le linceul de Béranger !

LOUIS DE CHAROLAIS, — rédacteur de *la Presse*, de *la Revue et Gazette des Théâtres*. — Louis Chauvet de Charolais, descendant des princes de ce nom, a mené la vie la plus nomade. Il a été inspecteur e l'Université coloniale de Pondichéry, acteur, chef d'orchestre et journaliste en province. Fort peu entiché de son titre nobiliaire, Charolais demande à sa plume son pain et sa liberté. ournaliste érudit, — confrère obligeant.

Alfred Delvau. Un des vieux de la petite presse — appelé à succéder prochainement à Philibert Audebrand, dont je trouve l'article-emplâtre assez déplacé dans le *Journal pour rire*. Si vous pouvez découvrir, par les nombreuses cascades de la petite presse contemporaine, une feuille quelconque où n'ait pas écrit M. Delvau, je vous l'achète à poids d'or pour me faire cadeau de cette virginité ! M. Delvau, dans ses écrits, ses discours, vise au sentiment, à la tendresse, à la poésie, et n'en a pas l'ombre. Ex-secrétaire de Ledru-Rollin, ex-choriste de l'opéra-bouffe de 1848, ex-aspirant aux fonctions de commissaire du gouvernement de la République, M. Delvau se croit encore obligé de parler avec amour de ses anciens patrons, et de se déguiser en martyr d'opinions démocratiques qu'il n'a pas. Le *Rabelais*, ce petit journal mort suffoqué d'articles immoraux, a été le point culminant de son talent de journaliste; la Bièvre est sa fontaine d'Aréthuse. Il rechante éternellement sur ses bords, en style nazillard, l'article-Gilbert. On a dit de lui que c'était un écrivain tout en lymphe ! Condamné, il y a deux ans, à l'amende et à la prison pour ses articles dans le *Rabelais*, il s'est *évanoui* un instant du côté de la Belgique, toujours avec des grimaces de martyr républicain, et a su reculer jusqu'à ce jour devant l'expiation. O mortel privilégié !

Alphonse Duchesne, né à Lizieux, — âgé de 34 ans, — myope à ne pas reconnaître un créancier, — doué d'une physionomie fine et agréable, et d'un pince-nez permanent dont un verre est resté pendant longtemps cassé, avant son entrée au *Figaro*, — paresseux comme un lézard, misanthrope original, railleur acéré, pessimiste vivant dans l'éclat de rire, esprit bizarre et instantané comme l'arc-en-ciel, confrère au jour le jour, engoué d'amitiés subites et folles, capricieux comme une petite maîtresse, — auteur d'un volume de vers : *Les Chants d'un oiseau de passage*, — de deux volumes en collaboration avec le bibliophile Jacob, du *Livre d'or des Métiers*; — a fait avec M. de Gondrecourt un fort joli roman, *l'Été de la Saint-Martin*, — a écrit seul une comédie en cinq actes et en vers : *Armande Béjart*, laquelle renferme des beautés de premier ordre qui doivent tôt ou tard trouver naturellement leur place dans la maison de Molière,—a pendant quatorze ans fait de la prose et des vers (tout ce qui concerne son état) dans les journaux et les revues littéraires, — est aujourd'hui secrétaire de la rédaction du *Figaro*, où il est entré les armes à la main. L'article dans lequel il invita M. Sarcey (de Suttières) à donner sa démission en sa faveur (ce que celui-ci s'empressa de faire), est une charmante page qui peut très-bien donner une idée de son talent multicolore. M. Duchesne est un des derniers hommes d'esprit du *Figaro* : il n'y sera pas enterré comme tant d'autres ! espérons-le, ô mon Dieu !—Ami intime de M. Delvau ! Quel est le mystère de cette confraternité ?...

La Bédollière (Emile de). — Les jugements les

plus étranges ont été portés sur ce journaliste. Son vrai portrait n'a pas encore été fait. L'original est loin de la copie. L'homme n'a pas été croqué dans l'écrivain. Le rédacteur du *Siècle* est victime de son immense popularité. Ce qu'on dit de lui tourne au conte arabe. Nous avons un la Bédollière défiguré par MM. Louis Veuillot, Coquille, Janicot, Vitu, de Lourdeix, considérablement diminué ou augmenté, enlaidi ou embelli par la polémique des journaux, par les passions haineuses ou amoureuses des partis. Nous n'avons pas un Emile de la Bédollière tel qu'il est. Je ne me charge pas de vous le présenter dans toute sa solennelle réalité, mais j'espère pouvoir en approcher et jeter un rayon de justice et de vérité sur le chapitre de cet écrivain, qui est, quand on sait l'apprécier, une des plus pittoresques et des plus sympathiques figures du monde littéraire.

On s'imagine que cette plume politique concentre en son esprit toutes les énergies de l'opposition républicaine. On s'acharne à voir, dans Emile de la Bédollière, le représentant direct et infaillible du Génie révolutionnaire. Chez les marchands de vin éclairés on ne jure que par son bulletin. La Bédollière par-ci! la Bédollière par-là! et patati et patata! Plée est fort, Jourdan est malin, Havin est crâne; mais la Bédollière, voilà un rude homme! Du moins c'est l'opinion invétérée d'une innombrable multitude qui commence sa journée sur le comptoir du liquoriste.

C'est aux premiers rayons du jour et à l'ouverture

des volets du marchand de vin que le *Siècle* triomphe dans toute la France. Le premier journal qui s'étale sur les tables est celui de M. Havin. Le facteur qui l'apporte est attendu comme un messie. Ce journal est maintenant une nécessité du matin. Est-il en retard? sensation et anxiété! Les points d'interrogation se dressent dans tous coins de la salle. Que se passe-t-il, ô mon Dieu! le *Siècle* n'arrive pas! Ah! s'il cessait de paraître, quelle stupéfaction et quel vide! Pauvres boutiquiers, infortunés concierges, triste peuple! La *Presse*, la *Patrie*, le *Constitutionnel*, l'*Ami de la Religion*, les *Débats*, tous cela est bel et bon, mais ce n'est pas le *Siècle*. Plus de *Siècle?* plus de Havin? pas le plus petit morceau de Louis Jourdan? razzé, le Grosselin? fini, le Biéville? Malheur! malheur! L'idée seule de cette disparition trouble de fond en comble les trente mille *menezingues* de la capitale. Que voulez-vous? c'est ainsi. Le *Siècle* est dans son genre une puissance, une routine, une féodalité, une religion, un dogme tout aussi respectable et formidable que celui du pouvoir temporel du pape. Le *Siècle* est une papauté dans la démocratie bourgeoise. Les manifestes du glorieux Havin équivalent à des encycliques. Les anathèmes fulminés par Louis Jourdan ont le retentissement des foudres du Vatican. Le fait divers d'Alexis Grosselin est article de foi. Les firmans ministériels du cardinal Antonelli ne sont pas plus bourrés de drôleries que les critiques de M. de Biéville. Ce journal est incolore, lourd, pédant, ennuyeux, flasque, piteux, douloureux presque toujours ; c'est trop vrai, mais il est dans les goûts délicats et dans la confiance politique de ses quarante mille abonnés. Son voltairianisme émollient convient aux consciences délabrées de ses fidèles; le hatchis de ses idées libérâtres est agréablement consommé par la plèbe abrutie de nos dernières insurrections. La lecture du *Siècle* aux premiers feux de l'aube, pendant la toilette matinale du marchand de vin, est un des plus amusants spectacles du temps. C'est trop beau ! on entend des exclamations comme celles-ci, poussées par toutes sortes de gens altérés : Avez-vous vu comme Jourdan arrange le Pape?... Et que dites-vous de la Bédollière crossant les évêques? Veuillot n'est pas blanc ! M. Havin vient joliment de chanter deux mots au gouvernement ! On dira tout ce qu'on voudra, c'est un *chic* journal ! — Et les *tournées* vont leur train, le *petit-bleu* coule, on se fait des politesses fraternelles et on *tue le ver* sur ces éloquents propos. Que le Dieu des républiques nous préserve de la suppression du *Siècle!* On prétend que s'il n'existait pas il faudrait l'inventer. On va jusqu'à dire que la santé d'une foule de gens est intéressée à son maintien. Il est prouvé qu'en sortant du lit, tout un peuple a besoin, afin de pouvoir vaquer tranquillement à ses travaux, de se mettre sur la conscience un peu de Louis Jourdan. Que le *Siècle* vive donc longtemps, toujours, pour le bonheur et la plus grande gloire de la bourgeoisie républicaine, mais que le génie de la liberté préserve la France de sa domination spirituelle !

La démocratie vinicole n'a pas une idée plus claire du caractère et de l'esprit de la Bédollière que la réaction mitrée et fleurdelisée. La Bédollière, un *partageux*, un anarchiste, un vandale, un révolutionnaire convaincu ? Est-il permis de calomnier ainsi notre ami ! Sans doute, il prépare au *Siècle* des poisons pour la cour romaine, des pétards en l'honneur des insurrections de l'Italie ; il confectionne des alinéas de tout calibre contre les royalistes, et dégrade devant la démocratie le général de Lamoricière; mais comme il se venge de ce radicalisme de commande, de ces contributions forcées de littérature rouge-claire par la chanson et la gaudriole ! Quand il a quitté son bureau d'agitateur d'âmes républicaines, comme il reprend vite ses allures de Roger-Bontemps, son calme, sa placidité, son sourire rabelaisien, sa philosophie élastique et goguenarde ! Foin du puritanisme et du dogmatisme de l'école des Pelletan et des Carrel ! A bas Grosselin le Pédagogue ! Au diable le *Siècle* et ses devoirs barbares, et ses thèmes burlesques, et ses rhétoriques lamartiniennes ! Il redevient le la Bédollière aimable, bon garçon, joyeux, spirituel, galant, le la Bédollière poëte et causeur, œnophile et chansonnier, le la Bédollière naturel et Français. Il rimera bien, par hasard, entre la poire et le champagne, dans des agapes de rédaction, devant Grosselin qui ne rit jamais, des couplets flatteurs en l'honneur du père Havin ; il aura la poétique audace de lui promettre, en refrains libres, cent ans de vie ; mais cette courtisanerie à huis clos, en société secrète, est une agréable et profitable satire qui, si elle contient de la politique, ne le met nullement au niveau de l'idolâtre et servile Horace. La Bédollière est trop fin, trop spirituel, trop consciencieux et trop gentilhomme pour prendre au sérieux ses articles, ses chansons, ses odes à Havin et à la République. Dans le procès du *Siècle* avec monseigneur d'Orléans, il est resté fidèle à sa nature, poétique et pur au milieu du pathos de son patron. Jamais on n'a vu un homme plus ennuyé de sa position de témoin et de fumeur. L'éloquence de M° Senart le tracassait peut-être moins que l'absence de sa bouffarde. Mais c'est surtout à une heure de l'après-midi qu'il est beau, très-beau, quand il descend du *Siècle*, vers la rue Montmartre, avec une pile de livres sous le bras, une énorme pipe à la bouche, longeant, à pas comptés, les boutiques, lorgnant, sous le nez, toutes les femmes, et leur envoyant en pleine figure des colonnes de *caporal*. Alors, son fameux bulletin est fait. On compose l'article qui sera demain l'oracle d'un million d'hommes, et que répercuteront les correspondances de la province et de l'étranger. L'écrou est levé ! En ce moment la Bédollière est libre. Il échappe à la surveillance de Grosselin, et profite de cette trêve pour aller dicter ailleurs ses nombreux articles de journaux littéraires, en attendant l'heure de corriger sa copie au *Siècle*. Quand Claude Genoux, l'auteur des *Mémoires d'un Enfant de la Savoie*, travaillait à l'imprimerie Serrière, on voyait souvent la Bédollière lui faire signe, et aussitôt les deux amis se glisser chez un obscur marchand de vin du quartier. Aujourd'hui, la Bédollière n'a plus cette bonne binette de Claude Genoux pour lui tenir tête dans la consommation et la discussion. Ses heures d'épanchement sont changées, et ses confidents habituels aussi. Quand il a fini sa corvée au *Siècle*, vers cinq heures, quand le maître d'études Grosselin tient tout le journal, il n'est pas rare de rencontrer la Bédollière dans quelques rues adjacentes à la Bourse, conversant avec un vieux garçon de bureau. Là, on se raconte réciproquement ses peines, ses joies, ses guignons, ses déboires politiques et domestiques, les persécutions absurdes de Grosselin, les scènes olympiques du père Havin, les petites histoires de la maison. Ce tête-à-tête contre un pignon est toute une philosophie. Cette causerie intime entre deux hommes de génie divers met singulièrement en relief les qualités de cœur et d'esprit de cet excellent la Bédollière, et devient une des peintures murales de la boutique du *Siècle*.

Pendant ces conférences diplomatiques, la Bédollière ne quitte pas sa pipe érotique, sa pipe enrichie de hardis symboles. Il *culotte* de préférence Vénus et l'Amour. Six heures sonnent : la Bédollière, toujours avec sa liasse de bouquins la cravate en désordre, remonte son faubourg Montmartre, classant en chemin son travail du soir, car sa vie de journaliste est une roue d'Ixion. D'une science étonnante, d'un jugement sûr, d'une aptitude heureuse, la Bédollière embrasse tous les métiers et joue tous les rôles du publiciste. Il mène de front la politique, la statistique, l'étude historique, la bibliographie, la théologie, l'archéologie, la gastronomie, la galanterie et l'art des couplets bachiques! Il improvise une chanson de table entre une réponse à la *Gazette de France* et un article sur le *Vieux Paris*. A toi, Janicot! pare celle-là, Coquille! touché, le petit Vitu! désarmée, cette mazette de Grandguillot! A vous, bel Ange, mon cœur et ma foi! Amour et philosophie! orphéon et chanson! Il a des rimes pour tous les banquets. Faut-il boire, rire, aimer, dépenser de l'esprit et de la gaîté, la Bédollière est toujours là!

Voulez-vous savoir maintenant comment se fait le *Siècle?* Grave est le mystère de sa fabrication.

A l'heure où Paris *canonne*, alors que la France ouvrière s'imbibe en lisant la feuille de la rue du Croissant, quand les boutiques des marchands de vins regorgent de raisonneurs, on met le *Siècle* en levain rue Taitbout. Sentez-vous l'esprit de cette coïncidence? La comédie a pour théâtre le cabinet de Havin Ier. Elle se divise presque toujours en quatre scènes. Les principaux personnages sont ordinairement: Louis Havin le Grand, l'aimable Emile de la Bédollière, Léon Plée, le

Taciturne, le chevaleresque Louis Jourdan, le fidèle Grosselin. L'ombre de Lamarche assiste toujours au conseil de rédaction. Un esclave en livrée se tient dans l'antichambre.

SCÈNE PREMIÈRE

HAVIN, GROSSELIN.

HAVIN (*en robe de chambre parsemée de grosses fleurs blanches, finissant de se raser. Sur son secrétaire, on voit un énorme portefeuille en maroquin rouge, avec ces mots en majuscules : MONSIEUR HAVIN*).

Pardon, monsieur Grosselin, vous disiez donc que la Bédollière...

GROSSELIN.

Est incorrigible !

HAVIN.

Qu'est-ce encore ?

GROSSELIN.

Il ne tient plus au *Siècle!* Hier il est allé se promener pendant une heure avant la fin de son bulletin. C'est un pli pris : il faut absolument qu'il fume sa pipe sur le trottoir de la rue du Croissant, devant le peuple assemblé. Comme c'est joli !

HAVIN.

A qui le dites-vous? Cette pipe-là fait aussi mon désespoir. Elle nous nuit, je le sais, dans l'opinion de la *Gazette de France* et du faubourg Saint-Germain. La démocratie qui, grâce à nos doctrines, se distingue et se moralise, pourra même nous la reprocher un jour. Mais, mon cher monsieur Grosselin, la Bédollière nous est utile, indispensable; c'est l'homme du *Siècle*, il est lu, écouté, admiré, redouté et redoutable ; il faut bien lui passer quelques caprices.

GROSSELIN.

Oui! mais vous conviendrez que ces caprices sont violents et bizarres ! Comment! un rédacteur du *Siècle* se permet de fumer sans cérémonie au nez d'un préfet! Oui, monsieur Havin, la Bédollière, à la fin d'un dîner officiel, devant des habits brodés, a bourré tranquillement son bout de pipe et l'a fumée avec sa grâce ordinaire.

HAVIN.

Eh bien! qu'est-ce qu'il y a là d'insolite? Je fumerais bien devant le pape, moi!... A propos, avez-vous revu la copie de Louis Jourdan?

GROSSELIN.

Elle me fait peur.

HAVIN.

Et à moi!... Ah! c'est dure le métier de directeur politique du *Siècle!* Ce diable de Louis Jourdan finira par brouiller toutes les cartes avec le ministère et avec l'assemblée de nos actionnaires.

GROSSELIN.

J'abonde dans votre sens, monsieur Havin, Soyons calmes et inodores en politique comme en religion ; laissons crier les ultra-républicains de notre conseil d'administration. Le numéro avant tout. Ah ! j'entends l'Abbé...

SCÈNE II.

LES MÊMES. — LA BÉDOLLIÈRE, PLÉE, JOURDAN.

HAVIN (*avec solennité*).

Bonjour, Messieurs !

PLÉE (*toujours morose*).

Bonjour.

LA BÉDOLLIÈRE (*tourmentant sa mèche*).

Salut.

JOURDAN (*à part*).

Quelle scie !

HAVIN (*avec emphase*).

Eh bien ! quoi de nouveau à l'horizon ?

PLÉE (*de plus en plus sombre*).

Rien.

LA BÉDOLLIÈRE (*se dandinant*).

Peuh !

JOURDAN (*jouant avec une blague à tabac*).

Prout !

HAVIN (*les contemplant d'un air inspiré et cherchant à les fanatiser*).

Comment, Messieurs ! c'est là votre résumé de la situation ? Vous êtes étourdissants. Le directeur politique du *Siècle* ne voit pas les choses avec votre stoïcisme. L'Europe est à la veille d'un bouleversement général. Le monde monarchique s'écroule dans ses derniers fondements. Les rois jouent leur dernier atout. La terre tremble, l'horizon s'obscurcit, un vent d'orage... un vent d'orage... (*Il se mouche.*)

PLÉE (*se renversant avec dépit dans son fauteuil*).

Aï !

JOURDAN (*roulant une cigarette*).

Bast !

LA BÉDOLLIÈRE (*lançant un regard de travers à Grosselin*).

Psit !

HAVIN (*passant plusieurs fois la main sur son front*).

En vérité, je vous trouve superbes !... Quoi ! vous plaisantez avec l'Avenir, vous jouez avec ses formidables problèmes !... (*Après une pause et un soupir*).Ah! cette question d'Italie me fatigue. Voilà celle d'Orient qui revient sur le tapis. Monsieur Grosselin, prenez donc dans mon portefeuille, pour le numéro du jour, une note très-importante sur la Révolution française dans ses rapports avec le Hatti-Humayoun, et veuillez la donner immédiatement à la composition. (*Grosselin prend religieusement la note dans le maroquin rouge et se retire avec la lenteur d'un homme de poids.*)

LA BÉDOLLIÈRE (*bas à Grosselin qui salue*).

File donc, esclave !

SCÈNE III.

(*Changement de tableau. —Sa Majesté Havinienne dépose la sombre étiquette de sa charge politique et prend des attitudes gracieuses. Un sourire effleure le parchemin de ses lèvres; Plée respire; Jourdan allume sa cigarette; la Bédollière bourre sa pipe pour la sortie; Grosselin n'est plus là.*)

HAVIN.

Dites donc, la Bédollière, vous êtes en relations avec les gens du *Figaro*. Est-ce que ces écrivassiers vont longtemps me turlupiner? Je ne vous dissimule pas que ce journal m'agace. Il y a là un certain Rousseau qui allonge un peu trop ses plaisanteries.

LA BÉDOLLIÈRE.

Ne faites pas attention !... Moi, je me *bats l'œil* de tout ce que les Rousseau, les Janicot, les Riancey, les Vitu et les abbé Sisson peuvent dire contre votre serviteur. Ces gens-là font des lignes : le métier le veut ; c'est le pain des journalistes ! c'est la garantie de leurs propriétaires.

JOURDAN.

Parbleu ! la Bédollière a raison.

PLÉE (*immobile dans son coin*).

Oui.

HAVIN.

Mais c'est tout de même désagréable pour un homme comme moi, et pour un journal comme *le Siècle*, de servir de cible à ces critiques mercenaires.

LA BÉDOLLIÈRE (*frisant de plus en plus sa mèche*).

Les inconvénients de la popularité !...

HAVIN.

Popularité ! popularité ! elle est jolie. A propos, qu'est-ce donc que cette fille dont le nom plane sur toutes les questions politiques ? Rigolboche, je crois ?...

LA BÉDOLLIÈRE.

Une reine, une puissance, une idole, à l'heure qu'il est, une étoile qui brille au ciel de lit des calicots, des chroniqueurs belges et des vieux polissons retirés des affaires.

HAVIN.

Est-elle belle ?

LA BÉDOLLIÈRE.

Elle est cynique.

HAVIN

Est-elle spirituelle ?

LA BÉDOLLIÈRE.

Elle est bête.

HAVIN.

A-t-elle une famille ?

LA BÉDOLLIÈRE.

Elle a de la jambe.

HAVIN.

A-t-elle des amis ?

LA BÉDOLLIÈRE.

Des cornacs

HAVIN.

Quels sont donc ses talents ?

LA BÉDOLLIÈRE.

Ses jupons en l'air.

HAVIN.

Où est-elle née ?

LA BÉDOLLIÈRE.

A Nancy, dans un bas-fond, dans une rue tortueuse, noire, sale, mal famée, commençant par un hôpital et se terminant par une prison, ces tenants et aboutissants des misères humaines !

HAVIN.

Et cette fille-là a le privilége de passionner la presse, de mettre en ébulition autour de sa réputation malsaine Paris élégant et aristocrate ! Et cette Rigolboche danse en liberté sur un théâtre !

PLÉE.

Shoking !

LA BÉDOLLIÈRE.

Oui, Monsieur ! voilà où nous mène, en dépit de la section de l'Institut, le progrès des sciences morales et politiques. Ce qu'il y a de plus extraordinaire dans la danse de Mademoiselle Rigolboche, c'est que la censure l'autorise.

HAVIN.

Je voudrais bien voir cette Rigolboche !

LA BÉDOLLIÈRE.

Est-ce qu'elle vous *cothurne ?*

HAVIN.

Vous dites ?

LA BÉDOLLIÈRE.

Est-ce qu'elle vous *botte ?*

HAVIN.

Comment ?

LA BÉDOLLIÈRE.

Eh bien ! est-ce qu'elle vous *toque ?*

HAVIN.

Oh ! la Bédollière !... fi! (*Eclats de rire de Jourdan et de Plée.*)

LA BÉDOLLIÈRE (*chantant*).

Quand viendra l'heure dernière,
Oh ! l'abbé,
La Bédollière,
L'abbé,
Tu seras flambé.

(*En ce moment la porte s'ouvre; l'antichambre est pleine de visiteurs ; un domestique en livrée remet au directeur du* Siècle *plusieurs cartes armoiriées. — Autres décors.*)

SCÈNE IV.

HAVIN (*à ses rédacteurs, en les reconduisant jusque dans l'antichambre, d'une voix timbrée par l'esprit de la situation, en traversant la double rangée des visiteurs attentifs*).

Surtout, Messieurs, je vous recommande le numéro d'aujourd'hui. Rappelez-vous que le *Siècle* a de grands devoirs à remplir. Monsieur Plée, soignez la question anglaise et italienne. Attention, monsieur Jourdan, à la question religieuse. Travaillez à votre bulletin, monsieur la Bédollière. Adieu, Messieurs !

SCÈNE V.

DANS LA RUE, CHŒUR A PLUSIEURS VOIX.

Ah! le farceur, avec ses immortels principes de 89! Quel bric-à-brac que son journal! Quel fiacre que son libéralisme! Est-il assez fat, Normand, bourgeois, propriétaire, ce Pontife de la Révolution! Va donc, tyran, pseudo-républicain, vieux masque, Beauvallet de la Démocratie!...

(*La fin du chœur se noie dans le bruit des voitures.*)

Le Monde utile.

N° 1, 1ᵉʳ octobre 1859. Hebdomadaire. 6 francs par an. — Romans, littérature, sciences, beaux-arts, médecine, inventions, agriculture, industrie, mélanges, magnétisme, procès, variétés.

La Campagne,

JOURNAL DE PÊCHES ET DE CHASSES, D'ÉTUDES ET DE RÉCITS.

Mensuel. 18 francs par an. — Directeur : Ch. de Massas.

L'Ami du Foyer,

N° 1, 16 octobre 1859. Hebdomadaire. Illustré. 10 centimes le numéro. 5 francs par an. — Rédacteurs : Étienne Emmanuel, J. Jourdon, Laure Jourdain, Yves Kerflorec.

Revue algérienne et coloniale.

MONITEUR DE L'ALGÉRIE ET DES COLONIES.

Mensuel. 12 francs par an.

L'Industrie nouvelle et la Halle aux Cuirs

(RÉUNIES),

Journal protecteur de tous les intérêts commerciaux, organe officiel de l'industrie internationale de Paris, créé pour la défense de la propriété intellectuelle (des cuirs?...) de l'union commerciale, artistique, industrielle entre tous les peuples.

N° 1, 18 octobre 1859. Hebdomadaire. — 20 francs paran.

L'Assistance,

ANNALES DES ASSOCIATIONS DE PRÉVOYANCE
ET DES INSTITUTIONS DE BIENFAISANCE.

N° 1, 5 novembre 1859. 6 francs par an, paraissant deux fois par mois.

L'Union chrétienne.

N° 1, 6 novembre 1859. — Journal hebdomadaire. 20 francs par an. — Imprimerie Dubuisson.

L'Écho du Monde catholique,

JOURNAL SPÉCIAL DES NOUVELLES RELIGIEUSES
ET DU CULTE DE LA TRÈS-SAINTE VIERGE.

N° 1, 12 novembre 1859. 10 francs par an. Bimensuel.

La Vie moderne.

Oui, le temps a doublé son cours,
L'humanité se précipite,
Tous les chemins deviennent courts,
L'Océan n'a plus de limite !

La vie était longue autrefois,
Sur la pente elle est entraînée ;
Nous vivons plus en un seul mois
Que nos aïeux dans une année !...

F. NADAUD.

N° 1, 16 novembre 1859. Rédacteur en chef-gérant : Ernest Lacan. — Collaborateurs : J. d'Oultrepont, O. Jobin, Sophronyme d'Orbec, Mathurin Guillot, C.-N. Hardy. Ne soulevons pas le voile de ces illustres anonymes. La *Vie moderne* devait paraître tous les mercredis, avec huit pages de texte, une galerie drôlatique, des types de fantaisie et des articles littéraires. Hélas ! la prophétie contenue dans ces huit vers s'est réalisée pour le journal au bout du premier numéro.

La Revue d'Économie rurale.

N° 1, 18 novembre 1859. — Directeur : Jacques Valserres, avec la collaboration d'agronomes et de praticiens. 8 francs par an.

L'Éducateur populaire.

N° 1, 27 novembre 1859. — 10 centimes le numéro. Abonnement : 6 et 8 francs. Cinquante-deux numéros par an. 5, rue Coq-Héron.
Directeur : Paget-Lupicin. Collaborateurs : Gustave Bonnin, A. Jeannin. Ce journal est destiné à obtenir un grand succès auprès des chefs d'institution et des pères de famille qui dirigent eux-mêmes l'éducation de leurs enfants.

Un cours raisonné de grammaire française, des notions d'arithmétique, des tableaux de la prononciation figurée de l'anglais, des dialogues en langue latine, des notions élémentaires de musique, etc., etc., telles sont les matières qui entrent dans la rédaction de l'*Éducateur populaire*, et qui y sont traitées par des professeurs spéciaux, sous l'habile direction de M. Paget-Lupicin.

Indicateur

DES SOLDES DE TOUTES ESPÈCES DE MARCHANDISES.

N° 1, 1er décembre. Journal-annonce colorié, paraissant le 1er et le 15 du mois. 5 francs par an.

Le Réveil de l'Orient,

ORGANE DE L'ÉMANCIPATION DES RACES ASIATIQUES ET AFRICAINES,

Bulletin de l'Orient, de l'Afrique, des colonies et des intérêts de l'industrie et du commerce transmaritime.

N° 1, lundi 12 décembre 1859. — Un an, 12 fr. — *Le Réveil de l'Orient* paraît toutes les fois que la malle apporte des nouvelles importantes. Le grand intérêt de cette revue repose donc dans la malle !

Directeur : Léon de Rosny, jeune et blond collaborateur de *la Presse*, auteur de *l'Introduction* à l'étude de la langue japonaise, de la *Table* des principales phonétiques chinoises, complément indispensable de toutes les grammaires chinoises, directeur-fondateur de *la Revue orientale et américaine*, secrétaire perpétuel de la Société d'ethnographie. Polyglote.

Collaborateurs : Ch. Gay, Ch. de Labarthe, Jules Mahias. Ah ! monsieur Jules Mahias, vous étudiez les langues étrangères ! Jeune intrigant, je le dirai à votre famille et à votre rédacteur en chef. Voudriez-vous, par hasard, introduire *les Questions municipales* dans l'Empire du Juste-Milieu ?

Europe artiste,
PROGRAMME DES SPECTACLES.

N° 1, 17 décembre 1859. Rédacteur-gérant : Charles Desolme. Propriétaire : Adolphe Nannan. Adresser tout ce qui concerne le journal à M. Guillaume Gauché. — Bureau, fermier d'annonces. — 20 centimes le numéro. — Annonces payables en espèces ou en marchandises. — Imprimerie de Dubois et Vert, 29, rue Notre-Dame-de-Nazareth. Cette feuille théâtrale se vend à un grand nombre d'exemplaires. M. Adolphe Nannan est aussi propriétaire de plusieurs autres journaux de ce genre, de l'*Orchestre*, qui tire régulièrement à deux mille exemplaires chaque soir, et du *Journal de tout le Monde*, fondé, en 1856, par M. Bouvin et rédigé par M. Darthenay, qui vient de reparaître dans le format de l'*Europe Artiste-Programme*. M. Nannan ne craint aucune concurrence et doit, avec ses quatre ou cinq *canards*, réaliser d'assez jolis bénéfices. Disons toute la vérité : M. Nannan n'a pas triché la Fortune ; c'est par un travail opiniâtre qu'il s'est attiré ses bonnes grâces. Il a débuté comme simple ouvrier, et il est devenu aujourd'hui un de nos meilleurs imprimeurs-typographes. Mais il se plaint, mais il se lamente, mais il tremble à tout propos ! Ah ! mon Dieu ! quel homme timoré ! Il se noierait dans sa chope.

Guillaume Gauché, — quarante-cinq ans. — La Belgique est son berceau, l'univers est sa patrie. — *Alter ego* d'Adolphe Nannan. Typographe *ad latus!*

Charles Desolme. — M. Desolme a débuté jeune dans la *partie*. Transfuge du collége Bourbon, où il faisait les *pensums* de son *copin* Alexandre Dumas fils, il entra au *Corsaire-Satan* dont Lepoitevin Saint-Alme, qui mourut plus tard d'une indigestion de sucre, était, à cette époque, rédacteur en chef. Le *Corsaire* se manipulait au café Momus, rez-de-chaussée obscur et froid, borné, à l'ouest, par Saint-Germain-l'Auxerrois, au nord, par le *Journal des Débats*. C'est là qu'un bataillon serré de plumes vaillantes sonnait périodiquement la Saint-Barthélemy des vices, des ridicules et des lâchetés du jour. Lepoitevin dirigeait le massacre, et sa raillerie n'épargnait même pas les requêtes plaintives de ses collaborateurs. « Vous êtes donc insatiable ! » disait-il à Desolme, qui s'aventurait à lui demander cent sous tous les mois ! Du *Corsaire-Satan*, où il publia un grand nombre de petits articles un peu sans façon, mais empreints d'une remarquable logique, Desolme émigra vers les journaux de théâtre, et sema sa prose dans la turbulente cohue des feuilles qui placent la splendeur et la régénération de l'art dans les jambes des danseuses, dans l'épilepsie amoureuse des jeunes premiers et les ficelles de la Méthode-d'Ennery. Mais la Révolution survint. Desolme renonça aux coulisses, aux ingénues, aux feuilletons, aux pompiers, aux lampistes, et se mêla activement aux hommes et aux événements de 1848. Il fut secrétaire du *Club des Droits de l'Homme* (?), dont les séances orageuses se tenaient dans le sous-sol du palais Bonne-Nouvelle, sous la mémorable présidence de Madier de Monjau. Or, il arriva qu'un soir de grande *speechification* une compagnie de pantalons rouges arrêta le président et flanqua à la porte le bureau et le public. Desolme secoua la poussière de ses hauts-de-chausses contre Paris socialiste, et alla rédiger, à Périgueux, le *Républicain de la Dordogne*. Ce journal offrait une large hospitalité aux catilinaires d'Émile de Girardin, que Desolme appuyait de sa plume et de son épée : ses premiers-province impressionnèrent désagréablement l'Élysée. Le journal fut suspendu, et son rédacteur principal mis à *l'ombre*. Alors commença pour Desolme la douloureuse épopée des prisons politiques. Il visita successivement Lambessa, Blaye, Mazas, et mena, pendant trois ans, cette vie de touriste ! Il la raconte en souriant, à travers ses lunettes, de ce sourire mordant, tamisé par les épreuves de la gendarmerie. Il a dit de lui : « qu'il était mort sur la paille humide des cachots, » et son activité donne le plus spirituel démenti à cette boutade de journaliste préparé à tous les désagréments que les gouvernements tiennent en réserve pour la presse indépendante. De retour à Paris, Desolme, après avoir créé un journal commercial mort-né, fonda l'*Europe artiste*, journal calqué sur la forme du journal politique. Pour remplir ses vastes colonnes, Desolme n'a eu que peu de collaborateurs : Mil-Noé d'abord, puis Émile Mathieu de Monter, qui abandonna la musique pour la littérature médicale, Léon Leroy, de Gasperini. A ce journal, Desolme a annexé une agence de placement d'artistes qui réchauffe l'abonnement et entoure le *canard* de fournitures et de primeurs !

Charles Desolme a toutes les qualités et tous les défauts du journaliste. Actif et industrieux comme Harel, intelligent comme Picard, courant sans cesse après les combinaisons aurifères et les rattrapant souvent, il a réalisé, pour faire vivre l'*Europe*, des miracles d'habileté. Il répète complaisamment que tant qu'il vivra, *son* journal ne saurait mourir. C'est vrai. Il est à l'*Europe* ce que Villemessant est au *Figaro*. Quand on l'a vu à l'œuvre dans son cabinet encombré de livres et de paperasses, peuplé d'oiseaux, de chats et de chiens, entre l'ingénue qui le provoque, le *père noble* qui le sollicite, le créancier qui le harcèle, le confrère qui l'embête, les femmes qui crient, les compositeurs qui tempêtent, on a une idée de sa patience, de son tact, de sa finesse d'appréciation, de la maturité de ses conseils et de sa grande expérience des affaires. Esprit délicat, perspicace, froid, insinuant, Desolme aurait fait un excellent diplomate. Mais les gendarmes ont brisé brutalement sa carrière politique, et un besoin perpétuel de capitaux a dérangé les libres tendances de l'écrivain. C'est un homme de lettres dont les circonstances ont fait un marchand. Il ne regrette pas sa métamorphose. Il se dit qu'il y a tant de gandins transformés en diplomates et tant d'ânes ornés de titres politiques et littéraires, que l'on ne doit pas se gêner avec l'opinion publique qui consacre de pareilles farces. Aussi, le négociant est d'une parfaite ductilité. Ses principes sont neutres. Il n'admet que les vérités relatives, comprend et excuse tout, et pardonne volontiers à quiconque a beaucoup gagné. Il ne faudrait en ce moment demander au directeur de l'*Europe* ni croyances profondes, ni opinions arrêtées, ni amitiés infaillibles, ni haines invétérées. C'est l'homme flottant du jour, de la situation, de l'heure présente. Absolu et personnel sous les emblèmes de la camaraderie, il subordonne tout à l'intérêt du moment et se plie aux circonstances lorsqu'il ne peut les faire naître à son gré. Les nécessités impérieuses de sa position et de son entourage l'ont fait tel pour la vie commune. Lorsque, fatigué de son labeur quotidien, harassé de démarches, de courses, de tentatives, encombré de projets avortés, saturé du spectacle de ce monde de comédiens dont il a sondé les turpitudes, les pieds sur ses chenets, fumant sa pipe, il cause avec ceux qu'il aime, alors le directeur d'agence disparaît avec son rire saccadé, son masque d'emprunt, sa physionomie de comptoir; l'homme se révèle, et l'homme est plein d'indulgences aimables et de vives saillies. Mais entre un client !... adieu la causerie et la bonhomie, le laisser-aller du cœur et de l'esprit. Le négociant reprend sa plume, ses livres, ses calculs. Il faut vivre!

L'idéal de Desolme est la direction d'un théâtre rétrospectif qui jouerait exclusivement les œuvres lyriques et dramatiques des morts illustres, bien et dûment enterrés depuis trente ans. Un jour on lui demandait le pourquoi de cette foi au succès d'une telle entreprise. — Eh! répondit-il, les morts ne réclament pas de droits d'auteur. — Desolme, après cela, ne désire qu'une chose, c'est d'aller vivre, lui, l'homme qui travaille dix-huit heures par jour, dans quelque maisonnette du Périgord ou du Limousin. — Mais l'ennui vous tuerait vite! lui disait-on. — Bah! peut-être bien, répondit-il; mais je n'aurais qu'à me rappeler ma vie, ce que mon journal m'a coûté de luttes, de courses, de combinaisons, et je croirais travailler encore. En attendant, tartinons ! Et comme ce jour-là il n'avait encore travaillé que quinze heures, il ralluma sa pipe et se remit à l'œuvre. Sa lampe ne s'éteint qu'avec les réverbères du faubourg Montmartre. Pendant longtemps, les voisins d'en face ont cru que les bureaux de l'*Europe artiste* étaient éclairés par la munificence de la Ville.

Le Bourgeois de Paris,

JOURNAL CRITIQUE, ARTISTIQUE ET LITTÉRAIRE,

Publié par un ancien négociant retiré des affaires.

Rédacteur en chef : François Talon (*seul*).

Décembre 1859. Prix du numéro, 20 centimes. Un an, 3 francs. Mensuel. En vente, chez François Talon, 5, passage Neveux.

Le Bourgeois de Paris a succombé dès son quatrième numéro, à une indigestion de comédie classique, apprêtée par son rédacteur en chef.

FRANÇOIS TALON. — C'est un petit homme blond, timide, réglé, mesuré, qui marche comme un chronomètre et qui cause comme le *Dictionnaire de la Conversation*. Il est né au mois de juin 1802, en pleine rue Saint-Denis. Les colléges Sainte-Barbe et Louis-le-Grand lui ont donné tout son fond littéraire. On le dit plus ou moins avocat. Il est l'auteur d'une brochure intitulée : *Menus-Propos et Joyeusetés d'un bourgeois de Paris, sur la décentralisation, entremêlés de petites théories gouvernementales*. François Talon prétend que cette brochure est une des plus fortes de ce temps-ci, et que, si elle avait été comprise, Cayenne aurait été sa récompense. Il est aussi collaborateur du *Messager de Paris*, du *Figaro-Programme*, et propriétaire exclusif du *Rêve de Memnon*, comédie en un acte et en vers, refusée par M. Simonis Empis, et servie tout au long, dans le quatrième numéro du *Bourgeois de Paris*, à ses vingt-cinq malheureux abonnés.

François Talon est très-connu au *Café des Variétés*. A l'heure solennelle de *l'absinthe*, il y tient la chope de la causerie. En voici une qui a été recueillie fidèlement :

François Talon : « Mon cher ami, je suis très-très-vexé. Je sors de la Préfecture de Police, et je n'y ai pas trouvé un mien camarade qui m'a promis une petite fête des plus réjouissantes. Prochainement, une exécution capitale aura lieu sur la place de la Roquette. La veille au soir, nous nous installerons, lui, moi, et plusieurs de nos amis communs, vis-à-vis, dans une petite chambre au premier, de la prison des Jeunes Détenus. Nous ferons un petit punch. On fumera d'excellents cigares. Nous causerons de filles. On fera un petit *lansq*. Et puis, à six heures du matin (*avec un geste*), on n'aura que la fenêtre à ouvrir. Hein? Nous nous amuserons comme des bossus! *Vous savez*, on fera des plaisanteries sur l'avocat et sur le greffier, on *blaguera* le bourreau et on trouvera des calembours sur le condamné. Vraiment, là (avec un petit sourire câlin et en lustrant sa moustache blonde), c'est-il gentil! et croyez-vous que ça aura son *chic?*...»

P. S. Au moment de mettre sous presse, après tous renseignements pris, il se confirme que François Talon est né en 1802, et que sa blonde chevelure n'est qu'un artifice capillaire entretenu à grands frais sur son crâne ravagé.

Les Nouvelles de Paris,

JOURNAL HEBDOMADAIRE.

Décembre 1859. — 25 centimes le numéro. — Abonnements 12 et 15 francs par an. — Chaque abonné devait recevoir en prime son portrait photographié par Pierre Petit.

Directeur : Lemercier de Neuville. — Collaborateurs : Fernand Desnoyers, Charles Haentjens, Paul Hedoin, Léon Duvernay, Georges Bernier, Etienne Maurice, E.-S. Franzowich, Loisel.

LEMERCIER DE NEUVILLE. — C'est le 4 mars 1855 qu'il lance son premier *canard* : la *Muselière, journal de la décadence intellectuelle*. — Douze numéros. — Arrêté par un mois de prison à Sainte-Pélagie pour publication de dessins sans autorisation.

La société des nouveaux auteurs dramatiques se forme et a pour organe l'*Indépendance dramatique*, dirigée par MM. Devicque et Crisafulli. — Il y écrit assez assidûment et publie, en 1855 et 1856, les *Pastiches critiques des Auteurs contemporains* (parus depuis en brochure), les *Inconnus célèbres*, les *Miettes de Pain perdues*, roman de genre.

A la fin de 1856, il devient rédacteur en chef de l'*Exemple*, revue morale publiée par le comte Krosnowski.

En 1857, il écrit des courriers de Paris dans la *Presse théâtrale* et fait jouer un vaudeville à l'Ambigu : *Recette pour marier ses filles*.

En 1858, il fonde le *Parisien*, journal illustré à 10 centimes, qui n'a eu que six numéros, faute d'argent.

Au mois de juillet il se marie †.

Au mois de décembre, il fait, en collaboration avec V. Cochinat, le *Guide des Fumeurs*, un volume à 50 centimes édité par Taride.

Au mois de janvier 1859, il fonde la *Causerie*. Ses articles de genre les plus importants sont :

Tableau de Paris en 1860, — *De la vraie et franche Camaraderie,* — *les Jugements littéraires,* — *Comment on fabrique les Etoiles,* — *l'Anti-Fanny,* — *les Cocottes,* — *les Amoureux,* — *Mémoires d'un Nouveau-Né,* — *le Camp de Saint-Maur,* — *Prevelillot.*

Il remplace Jules Moinaux à la rédaction en chef du *Zouave*. Interrompue par la paix, cette publication n'a que douze numéros.

Au mois de décembre, il lance les *Nouvelles de Paris*. — Au treizième numéro il fond ce journal avec le *Diogène*.

M. Lemercier de Neuville aurait dû intituler son journal : le *Café du* XIXe *siècle*, et en confier la chronique à M. Loisel, l'Apollon dudit établissement, l'inventeur de la Limonade-Polka. M. Loisel est très-versé dans la littérature et les littérateurs. Toute la rédaction du *Tintamarre* lui fait l'honneur de fréquenter, le mercredi, ses salons, et de goûter ses calembours. M. Loisel encourage avec effusion les beaux-arts de la galanterie et de la poule-Sébastopol. M. Loisel était l'homme de

M. Lemercier de Neuville pour ce genre de publication. Tout le désignait à ses préférences : sa beauté plastique, ses gilets scintillants, sa chevelure à l'encaustique, son sourire spécial, la grande variété de ses connaissances, sa réputation d'Hercule, sa main *aristocratique*, son torse du Belvédère, l'indéfinissable grâce de sa parole et de son maintien ; trésor fantastique qu'un pareil collaborateur ! M. Lemercier de Neuville n'a pas su exploiter cette riche mine. Aussi les *Nouvelles de Paris* ne se recommandaient-elles que par leur typographique vanité.

La Silhouette.

N° 1, 11 décembre 1859. — Cette revue hebdomadaire avait trois rédacteurs en chef ! *tres torti radii* : Jules Noriac, Aurélien Scholl, Charles de Courcy. Ses collaborateurs étaient : René de Rovigo, Henri de Pène, Charles Monselet, Edouard Bourdet, Maxime Pax (Crampon à *l'Univers*), Hector Crémieux, Every Body, Mme Doche.

La Silhouette a passé comme une ombre : on n'a jamais su le fin mot de MM. Noriac, Scholl et de Courcy, ses trois pères spirituels. Cette assemblée constituante de *la Silhouette* s'est dissoute au bout de huit numéros. Les antiquaires qui s'amuseront à fouiller dans les décombres du journalisme contemporain chercheront peut-être la raison de cette publication. *La Silhouette* de qui ? de quoi ? Abrégeons leurs fouilles. Ce journal n'a été qu'un vide-poche.

Jules Noriac, — ex-rédacteur en chef du *Figaro-Programme*, ex-rédacteur du *Figaro*, ex-sous-officier. Il a fini par trouver sa véritable voie : le roman. *Le 101ᵉ Régiment* et *la Bêtise humaine*, sont deux francs succès et deux belles vengeances. Jules de Noriac a de l'esprit, de la jeunesse, du cœur. Courage donc, en avant, et bonne chance !

Charles de Courcy. fils, — gandin en tous genres, modiste de lettres, d'après la nouvelle classification donnée dernièrement par M. Babou. Signalement particulier : Ce joli garçon, quand il parle, se contemple dans les glaces. — *Daniel Lambert*, ce drame qui a réussi à l'Odéon devant un auditoire lymphatique, a ajouté des embellissements à sa fatuité d'écrivain.

Aurélien Scholl, — fondateur du *Satan*, en 1854, auteur des *Esprits malades*, des *Lettres à mon domestique*, de *Nouvelles à la main*, et d'une bluette en un acte : *Rosalinde*. M. Scholl tenait dans *la Silhouette* la spécialité de l'article-cancan; il y épluchait le théâtre et le boudoir, et probablement, en sa qualité de confident de ces *dames*, il imprimait des réflexions comme celles-ci :

POURQUOI AIME-T-ON ?

Parce qu'on s'ennuie,
Parce qu'on a bien dîné,
Parce que la femme est une affaire de vanité, quand elle n'est pas une affaire de tempérament.

Pourquoi s'imposer des chaînes quand il est si doux d'être libre, d'aller au hasard, de courir Paris sans autre tyrannie que celle des débits de tabac ?

Pourquoi renoncer à la polygamie du célibat, quand l'attrait d'une dot n'est pas là pour nous fasciner ?

Pourquoi renoncer au sommeil du matin, à cette solitude rêveuse, à cette indépendance du réveil ?

Quelle compensation l'amour nous offre-t-il ?

L'AMOUR !

C'est la lutte avec une femme ;

Lutte! parce qu'elle ne veut pas vous aimer

Lutte! parce que, dès qu'elle vous a aimé, elle désire en aimer un autre ;

Lutte! parce qu'elle a des yeux ;

Lutte! parce qu'elle rit quand on lui parle ;

Lutte! parce qu'elle aime à causer, et que, pour causer, il faut être deux.

L'AMOUR, C'EST LA JALOUSIE.

On peut trouver des femmes qui n'ont pas eu d'amant, mais il est rare d'en trouver qui n'en aient eu qu'un.

Et alors, quand on ne s'aime plus, comme on a honte de s'être aimés !

Etait-ce donc avec de pareilles ravauderies, avec ce cynisme imité des ruelles, avec cette dégoûtante peinture d'un cœur mort, qu'on espérait conquérir des lecteurs à *la Silhouette?* Est-ce là tout l'échantillon de l'esprit satirique de M. Scholl? Sa critique se bornerait-elle à cette honteuse diffamation de la femme? Son idéal serait-il circonscrit dans l'alcôve d'une brute ? Vraiment, M. Scholl ne verrait dans l'amour qu'une distraction, un motif de digestion, une affaire de canapé, et préférerait à son despotisme la servitude du cigare ? M. Scholl, quand une femme passe, belle, souriante, environnée de jeunesse, de poésie, d'enchantements, ne songerait qu'à la conquête brutale, à la possession physique, à l'absorption de toute cette grâce et de toute cette vertu dans une nuit de luttes spasmodiques ? Une dot, un sac d'argent, c'est tout ce qu'il découvre dans les aurores d'un printemps d'amour ? Théorie de carrefour, logique atroce. On ne peut trop protester contre ces calomnies sans circonstances atténuantes, contre ces vantardises d'une jeunesse pâmée dans ses pituites. M. Scholl, qui semble harassé de vices, n'a même pas la science des corps. Il n'en devine pas les harmonies, les secrètes beautés, les religions et les sculptures admirables. Son matérialisme est épais, obtus, bourgeois. Son imagination ne va pas au-delà d'un baiser à fleur de peau. Un sourire de cuisinière ou de grande dame, pour lui, c'est la même chose : passe-temps, vanité, contraction des muscles. Mais c'est trop discuter avec ceux qui lacèrent la plus grande croyance de l'humanité. Silence aux aztecs de l'amour, aux épiciers de l'orgie !

Le Gaulois,

JOURNAL BIOGRAPHIQUE ILLUSTRÉ, HEBDOMADAIRE ET INTERMITTENT.

Abonnements, pour Paris, 15 francs par an; pour la province, 18 fr.

Rédacteurs : Charles Dell'Bricht, Eugène Varner, Joslé, Ernest Adam, Bostvigier, Louis Jacquier, E. Detouche, Léon Beauvallet, Philoxène Boyer, Raymond de Breilh, Paul Avenel, Denizet, Paul Mahalin, Albert Glatigny, Max de Maran, Charles Vincent, Théodore Pelloquet, Gustave Aymard, Alexandre Weill, Lucien Platt, Louis Français ; dessinateurs : E. Carjat, Hadol, Piot-Normand, Lobric.

CHARLES DELL'BRICHT, étudiant en médecine, externe à l'hôpital Lariboisière, fils d'un négociant de Bayonne. Son nom de famille est Camille Delvaille. Villemessant l'ayant menacé un jour de chiquenaudes et Nadar d'allongements d'oreilles, il s'est cru obligé de prendre des pseudonymes, principalement celui de John Pifpaf. A quoi bon ? le masque ne va pas aux hommes de cœur. Laissons le faux nez à ces mirmidons de lettres qui se prennent au sérieux et qui s'imaginent que le sacerdoce du journalisme les force à aller déjeuner chaque matin dans la serre vitrée du *Café des Variétés*, sous le regard de môssieu Albony qui passe sa vie à saupoudrer de sable jaune les jambes de ses habitués.

JOSLÉ, propriétaire du *Gaulois*, avec M. Delvaille, ancien secrétaire particulier de M. Paul Dupont, rédacteur au *Journal de l'Instruction publique*, caissier-payeur-central au *Gaulois*.

Ernest Adam, ancien propriétaire du *Journal inutile*, intendant de M. Paul Mahalin qui, par reconnaissance, gère son esprit et fait valoir sa littérature. *Ça* tutoie toutes les femmes... du café Garin, et *ça* se désole de n'être tutoyé que par les rédacteurs du nouveau *Diogène*. *Ça* colporte les calembours du café du *Cirque*, et *ça* gravite du *Casino-Cadet* à la *Closerie*, toujours en pendeloque aux bras de M. Mahalin.

Bostvigier. Où diable ai-je vu ce pseudonyme? Dans quelque feuille-Albespeyre? Il a ses entrées aux *Délas.-Com*. Je crois que son vrai nom est Fraissinet.

Louis Jacquier (?)

E. Destouches (??)

Amédée Rolland, 32 ans, auteur dramatique, poëte et romancier; de la franchise, de la libéralité, de la jeunesse! Mœurs privées : il adore la campagne, les ânes, les porcs, les dindons, les poules, les canards, oh! surtout les canards qu'il imite admirablement. Il porte la cravate blanche (en soie) et le chapeau large de bords. Amédée Rolland sera infailliblement décoré et membre de l'Académie Française, — section d'Alfred de Musset.

Etienne Carjat. Tête à la Van Dyck. Spirituel autant que bon; nature ardente, cœur chaud, toujours loyal. Carjat n'a pas fait d'études en dehors de l'école primaire; il s'est formé et élevé lui seul : il a gagné sa vie à l'âge de quinze ans. D'abord dessinateur sur étoffes dans une maison de commerce de Paris, il se faisait dix et quinze francs par jour ; là s'est développé son instinct de caricaturiste. Abandonnant bientôt le métier pour l'art, Carjat renonça aux grandeurs du commerce. Sa première collection : *les Comédiens à la ville*, contenant la charge de presque tous les acteurs en réputation à Paris, et ses dessins dans le premier *Diogène* l'ont placé au premier rang des caricaturistes. Aujourd'hui il publie les charges des célébrités contemporaines reproduites par la photographie : immense succès. Carjat manie la plume, la prose, les vers, la satire, avec élégance et précision.

RAYMOND DE BREILH. Collaborateur au *Dictionnaire de géographie*, de Becherel, pour la partie anglaise, ex-secrétaire de la rédaction du *Diogène* en 1857, ex-propriétaire du *Monde artistique et littéraire*, un des dix propriétaires de l'ancien *Moustiquaire*, auteur d'un volume intitulé : *Les Salons du temps jadis*, fort maltraité par Gustave Planche. Il a en réserve une demi-douzaine de pièces de théâtre, telles que : *Mère et Martyr, une Fille naturelle, la Marquise, les Repues franches, les Turlupins, ou Jean de Nivelle, les Gens d'affaires*, en tout soixante-cinq actes ! Il est le fils du colonel Raymond, l'intelligent et actif organisateur de la garde républicaine en 1848. C'est un beau brun (voir son portrait à la photographie des *Deux-Mondes*), mais il a toujours l'air glacial, ce qui fait dire à Auguste Luchet, que si on le mettait au milieu du bassin des Tuileries, il ferait geler les poissons rouges.

Max de Maran. A bas le faux nez ! lisez : Massenet de Marancourt.

Charles Vincent. Un des collaborateurs du *Siècle*, rédacteur en chef du *Moniteur de la Cordonnerie*, chansonnier, dramaturge, futur millionnaire. L'auteur des *Refrains du Dimanche* est un charmant poëte et un confrère agréable. Aujourd'hui il est à la tête d'une grande administration de suifs pour les roues des locomotives. Cette entreprise d'onguent économique mettra du beurre dans ses épinards.

Denizet, collaborateur du *Charivari* et du *Moniteur des Arts*. Au *Paris-Journal* il s'est appelé Louis Ramon, au *Figaro*, de Muire, au *Gaulois* et au *Diogène*, O'Brenn et Martial. Ses articles ont une qualité rare : le bon sens, la concision, le mot propre. Il aiguise l'épigramme et sait la lancer à propos. On ne lui connaît rien d'édité en librairie et rien de joué au théâtre, mais nous espérons bien le voir sortir triomphant et libre de sa lutte acharnée avec les nécessités matérielles de la vie. Peut-être ne lui manque-t-il pour arriver que quelques mois d'indépendance,

Albert Glatigny, poëte et cabotin, disciple de Banville et de Baudelaire. L'élève va bien ; il fait imprimer en ce moment un volume intitulé : *Les Vignes folles*, poésies composées en grande partie d'études païennes et de recherches rhythmiques.

Les principales pièces sont : *l'Impossible*, *Aurora*, *Hermance*, *les Mélancolies d'Antonia*. Il nous promet à la suite : *Les Antres Malsains* et *les Héritiers de Scarron*, scènes de la vie des comédiens de province, dont il a été le complice, pendant quatre ans, en qualité de traître et de père-noble.

Théodore Pelloquet, né à Seurre (Côte-d'Or), le 13 décembre 1820. Ancien rédacteur, avec Nadar, en 1842, de la correspondance des journaux de départements annexée au *Commerce*, sous la direction de M. Marie. Ancien secrétaire de la rédaction du *National*, où il fut spécialement chargé des articles sur l'Assemblée et de la polémique de 1848 à 1851. Auteur de livres et d'articles de voyages sous le pseudonyme de Frédéric Richard, d'articles littéraires et d'art dans la *Liberté de Penser*, le *Siècle*, l'*Illustration* et la *Gazette de Paris*, d'un volume sur les *Musées de Paris*, du *Dictionnaire de poche des contemporains*. A la fois voltairien jusqu'aux tragédies et à la *Henriade* exclusivement, et partisan de la préface de *Cromwell*, Théodore Pelloquet est une des bons écrivains de la presse libérale et militante. Son style est ferme, serré, net. Polémiste incisif, il dépasse rarement les limites de son droit d'attaque ou de riposte. Depuis la drôlatique élévation des Limayrac et des Grandguillot au pontificat du journalisme, il prend en dégoût le rôle d'écrivain et porte silencieusement le deuil du *National*. Taille : cinq pieds; cheveux bruns, visage ovale, nez long, front large, menton rond, barbe brune, teint brun, cravate blanche, chemise à jabot et à manchettes ; négligé... par le Dictionnaire Vapereau.

L'existence du *Gaulois* est un hoquet. Mort pendant l'été de 1859 entre les bras de M. de Lorbac (Charles Cabrol), ancien rédacteur du *Journal de Monaco*, il ressuscita en décembre, sous le triumvirat directorial de MM. Varner, Dell'Bricht et Joslé. Cette résurrection factice est due à une combinaison d'actionnaires et de gandins. Rien de plus amusant que les réunions diplomatiques de ces trois grands propriétaires au-dessus de la salle commune de rédaction. Denizet seul, parmi les collaborateurs, était admis à ces conciliabules. Toutes les semaines, la comtesse Céleste Mogador Lionel de Chabrillan honorait de sa visite ces indescriptibles bonshommes. Mais sur la fin de février 1860, un article assez pointu de M. Dell'Bricht sur George Sand, Louise Collet et Alfred de Musset, amena une tempête dans la grenouillère du journal. Varner protesta. De là procès, à la suite duquel Varner, que nous retrouverons plus tard au *Diogène*, reçut pour déguerpir 6,000 fr., que lui compta M. Joslé. Le départ de M. Louveau n'allégea en aucune façon l'esprit du journal. *Le Gaulois* n'est rien moins que Gaulois. L'anecdote moisie fait tous les frais de sa littérature. Armé d'articles idiots, il a longtemps guerroyé contre le rédacteur en chef du *Figaro*. M. de Villemessant mit fin à ces innocentes escarmouches par cette lettre, restée sans réponse :

« Messieurs,

» Je lis dans votre dernier numéro la nouvelle à la main suivante :

« M. de Villemessant s'est ému, paraît-il, des coups
» d'épingle que, depuis trois mois, *le Gaulois* lui donne,
» chaque semaine, dans les mollets ; — il nous fait prier
» de « cesser cette plaisanterie. »

» Je suis à la campagne depuis plusieurs mois, Messieurs, et je vous avoue humblement que je ne reçois pas votre journal. Si vos *piqûres* m'avaient été sensibles, je me serais procuré un ONGUENT pour m'en débarrasser.

» J'ai l'honneur de vous saluer.

» H. DE VILLEMESSANT. »

Paris qui s'en va et Paris qui vient,

PUBLICATION ARTISTIQUE, DESSINÉE ET GRAVÉE PAR

LÉOPOLD FLAMENG.

Texte par : Arsène Houssaye, Théophile Gautier, Paul de Saint-Victor, Henri Murger, Champfleury, Charles Monselet, Emile de la Bédollière, Edouard Fournier, Albéric Second, Albert de la Fizelière, Alfred Delvau, Jean Rousseau, Eugène Müller, de Sault, Jules Levallois, Marc Trapadoux, Achille Gleizes, Alphonse Duchesne, Jean Derheims, Castagnary, Amédée Rolland, Ernest Hamel, Zacharie Astruc, Georges Duplessis, Victor Fournel, Charles Coligny, Firmin Maillard, Duranty, Marc Bayeux, Fernand Desnoyers, Étienne Maurice, Jean Duboys, Régulus Fleury, de Kersenan, Amédée Hardy, etc.

1re livraison, décembre 1859. La livraison 1 franc 50 centimes Une année, 24 livraisons, 20 francs. Les gravures sont sur papier de Chine. On publie une édition sur papier de Hollande ;

prix : 40 francs. Chaque abonné recevra, à la fin de l'année, un frontispice illustré et pour prime une très-belle gravure composée et gravée par Léopold Flameng. Paris, — publié par Alfred Cadard, éditeur d'estampes, 3, rue Saint-Fiacre.

Le Paris du moyen-âge, le Paris du pignon, de la ruelle, de la tourelle, de l'arabesque, de la gargouille, le Paris de la Sorbonne et du Guet, de Charles V, de Philippe-Auguste, de Flamel, de Delorme, de la Réforme, de la Renaissance, de la Ligue, le Paris que Victor Hugo a vengé de nos maçons-iconoclastes, le Paris gothique et monacal, monarchique et féodal, disparaît tous les jours sous la pioche du génie rectiligne. En présence de cette fureur de démolition, l'éditeur Alfred Cadart a entrepris une œuvre éminemment artistique. Elle consiste à recueillir, pour les transmettre à nos descendants, les principales vues du Paris légendaire. Les dessins ont été confiés à l'un des crayons les plus originaux, les plus fantaisistes et les plus colorés de notre époque : j'ai nommé Léopold Flameng. Pour la province et même pour les Parisiens qui ne connaissent Paris que très-superficiellement, l'ouvrage publié par M. Cadart est une bonne fortune en même temps qu'une merveilleuse leçon d'histoire. Je ne puis que féliciter et encourager l'éditeur, car sa publication est une splendide protestation contre l'envahissement de la photographie, de l'image à deux sous, de la caricature et de la littérature à la vapeur.

REVIENS, VOLTAIRE !

L'Europe est un camp. Sur les décombres des anciens dogmes, les peuples bivouaquent entre le despotisme et la liberté. Monarchies, démocraties, républiques, royautés constitutionnelles, légitimités, nationalités, légalités, droit divin, droit populaire, pontifes, Césars, Prudhommes, artistes, épiciers, banquiers, philosophes, théologiens, académiciens, diplomates, toutes les puissances de l'or, de la matière, de la bourse, de l'autel, de la presse, de la bazoche, de l'atelier, du comptoir, du goupillon, du sabre, de l'éteignoir, de la schlague, se défient, se renient, s'insultent, s'entre-choquent. Partout, en haut comme en bas, le doute, la peur, le vertige, la la confusion des langues, l'énervement des caractères, l'anarchie des mots et des idées, le bouleversement des têtes et des dictionnaires, partout le frémissement des intelligences esclaves, partout l'insurrection des consciences libres, partout l'alarme, partout la guerre. On n'entend parler que de bidons et de biscuits de campagne, d'excommunications papales et de vaisseaux blindés, de canons Amstrong et de canons de l'Eglise, de Turcs et de cardinaux, de garibaldiens et de mazziniens, de volontaires anglais et de Gastibelzas catholiques. Le pape crie aux armes. L'Angleterre crie à l'invasion. Le Catholicisme court sus à la Révolution. La Providence rappelle François II de son royaume de Naples. Le sultan verse des larmes de vieux singe sur la malheureuse Syrie. Abd-el-Kader se lamente sur Mahomet. La Russie prépare une nouvelle édition de Menschikoff. Les mandements de nos seigneurs les évêques éclatent comme des bombes. Les sacristies se convertissent en bureaux de recrutement. Autour de la croix et du croissant, il se fait un grand bruit de diplomates, de journalistes, de pioupious, une énorme concentration de marguilliers, de gendarmes, de culottes de peau. Le vieux et le nouveau monde sont encore en présence, se provoquant à une lutte suprême. La traînée de poudre et de haines va jusqu'en Chine. Tous les vieux partis monarchiques et théocratiques, ensevelis depuis longtemps dans leur sottise et dans leur honte, se réveillent, s'aiguillonnent, s'exaltent, pour écraser cette infâme Idéologie. Après avoir sacrifié à la déesse Rigolboche, sur les autels de Vachette et de Tortoni, la noblesse de France met ses hauts-de-chausses, décroche ses cottes de mailles, et s'apprête à voler au secours des détenteurs du petit Mortara. D'un pôle à l'autre du monde catholique, bat le rappel de toutes les haines, de toutes les intolérances, de toutes les superstitions. Immense conjuration de fantômes ! lugubre émulation de fusillades ! L'inquisition romaine rivalise avec l'islamisme. Le génie de Loyola et d'Antonelli appelle au secours de la Foi le ban et l'arrière-ban des usuriers et des mercenaires. Lamoricière à Rome, Miramon au Mexique, Cathelineau en Vendée, Ortega en Espagne, Dupanloup en France, Montemolin dans les routes tortueuses de l'exil, ont fait une nouvelle traite d'esclaves, et essayé de racoler les bandes désespérées de l'absolutisme clérical. Comme le serpent brisé qui veut renouer ses anneaux, le Despotisme se remue dans les congrès et dans les entrevues des princes, cherchant à ressouder une sainte-alliance de jésuites et de pandours. Vienne, Naples, Berlin, conspirent à Tœplitz. Léopold de Belgique va applaudir la garde nationale de Londres, à Hyde-Park. Rome sourit, dans ses conclaves pontificaux, à ces manifestations anti-françaises. Dans les confessionnaux, dans les chaires, dans les presbytères, dans les châteaux, dans la presse religieuse, le même programme de mépris et d'exécration se colporte et se psalmodie contre la liberté de conscience, contre le réveil des nationalités. Tout est mis en œuvre, emprunts, jubilés, messes, béatifications, excommunications, exorcismes, usures, confréries, ventes de médailles et de scapulaires, pour arrêter la justice des révolutions. Qui donc viendra sonner la chasse de tous ces revenants, l'hallali de tous ces spectres ?

Qui donc sifflera un dernier air d'ironie gauloise sur ces saintes mascarades? Qui nous vengera et nous délivrera encore une fois, par l'éclat de rire, de ces piteux insulteurs de la liberté! Allons! des violons et des flûtes pour reconduire dans le passé ces perruques insurgées! Que la Liberté marche avec des sourires et des chansons, à travers l'Europe féodale en pleurs! Que la musique égaie la Révolution! Que la satire reparaisse avec ses attiques élégances! Que l'esprit français reprenne son joyeux et puissant scepticisme en face de la conjuration monarchique et sacerdotale!

Reviens, Voltaire :

Mais est-ce bien l'heure de rire, de chanter, d'invoquer l'Ironie? le sarcasme doit-il être la seule arme du droit? la France de 89 ne doit-elle riposter que par le trait d'esprit, par le pamphet et par le mépris, aux folles audaces de la réaction? la situation actuelle ne conseille-t-elle pas autre chose? Le duel entre les deux principes, entre les deux races, sera terrible, impitoyable, immense. Déjà, dans ses livres, dans ses journaux, dans ses programmes, dans sa parole et dans ses actes, la réaction affiche le plus complet dédain des lois du bon sens et de l'humanité. Plus de quartier, plus de pitié, plus de pardon, plus de neutralités! tel paraît être son mot d'ordre, à Rome, à Naples, à Vienne, partout où elle a des cours galantes, des budgets et des armées. Le jésuitisme a jeté son dernier masque, l'ultramontanisme sa dernière pudeur. Le sens moral se retire de plus en plus

des nations où domine l'élément sacerdotal. En
Espagne, la justice se fait la servante des passions politiques ; dans la ville éternelle, la papauté
s'apprête à mitrailler ses peuples pour les reconquérir ; en Autriche, le concordat étrangle toutes
les libertés civiles. C'est à la force, à la violence,
à la ruse, à la mutilation des corps et des âmes,
que les pouvoirs théocratiques demandent toujours
leur salut. Cette politique est logique avec son principe ; elle sent qu'elle n'a rien gagné aux transactions et aux tolérances des derniers temps, que
les traités de paix de l'Église avec l'esprit de progrès n'ont été que des duperies et des dérisions,
qu'il faut que ses oracles s'accomplissent, c'est-à-
dire, que la raison fasse place entière à la foi, le
libre examen à l'inquisition, la tolérance à la
peur, la grâce à la torture, le juge au sbire, le
code civil aux chevalets du Saint-Office. A moi
les artilleurs, les gendarmes, les tirailleurs, les
vieux troupiers en retraite et les officiers dégommés ! A moi, Vendéens, Suisses, Irlandais,
Autrichiens, Bavarois, Croates ! à moi, le rebut
des armées et des guerres civiles ! s'écrie cette
politique néfaste ; j'ai de l'eau bénite et des indulgences pour laver ces sacripants de la foi, pour
approprier à mon service ces bohèmes de la fidélité militaire. Je leur offre une haute paie sous
mes drapeaux et le ciel après leur mort. Mais,
avant tout, il s'agit de vaincre la rébellion sacrilége qui m'entoure. La Liberté passe sur mes
États ? en joue, feu ! — En vérité, quand la réac-

tion s'arme jusqu'aux dents dans toute l'Europe, quand les vieilles castes tentent des efforts désespérés pour ressaisir le gouvernement des peuples, ne trouvez-vous pas qu'il y ait quelque chose de plus qu'un geste de mépris à apprendre aux défenseurs de la liberté? Sans doute, la France est riche, brave, prospère, invincible. Les écrivains du *Constitutionnel* et du *Pays* font bonne garde autour de sa gloire et de son indépendance. La Savoie nous est d'un beau rapport en eaux minérales et en bravoure. Mais le pays des marmottes ne me paraît pas un boulevard suffisant du côté de l'ultramontanisme : ce n'est pas avec la littérature et la religion de MM. Vitu et Grandguillot qu'on armera dignement la presse et l'opinion contre l'invasion d'une doctrine ennemie de tout gouvernement libéral. Il faut même plus que du Havin et du Guéroult pour édifier nos nouvelles défenses nationales. Aujourd'hui la Révolution doit s'apprêter à soutenir une lutte sans pitié contre toutes les féodalités conjurées, et la Révolution est désarmée, la Révolution est avilie depuis l'avénement des bourgeoisies braillardes, la Révolution est tombée en enfance, en expiation des triomphes politiques de M. Prudhomme. Qui la relèvera de ce vasselage impur, cette fille de boutique? qui lui ôtera le carcan des théories d'estaminet? qui lui refera sa virginité de 89? Non ! ce n'est pas la presse politique du jour. Cette presse-là ne sait même plus se servir de la liberté que lui octroie la Constitution. Elle est au-dessous de son rôle, et au-dessous de l'opinion qu'elle prétend diriger. Rions ! oui, rions de cette presse podagre, quinteuse, frileuse, myope, vénale. Rions de ce journalisme, plein de gourmes et de cataractes, qui se laisse remorquer par les événements. Sifflons à outrance les oracles du *Constitutionnel*, du *Siècle*, de la *Patrie*. Mais nous autres, qui n'avons pas mis nos consciences et nos dévouements à l'étal des factions, préparons-nous, dans la limite de nos libertés constitutionnelles, à organiser les forces honnêtes et vives de la Révolution, afin de rejeter dans sa nuit l'ultramontanisme. L'heure où nous vivons est solennelle : elle nous défend l'indulgence. Il faut choisir un camp. Dans la déclaration de guerre que le Passé nous lance, on rature tous les droits de l'homme et de l'humanité. Soit ! le Droit moderne usera de représailles. Les nations insultées feront sortir la réserve des écrivains qui défendent la liberté à tout prix. La Vérité ne doit plus se laisser mutiler sans riposte. Adieu sa parole placide et tolérante ! trêve à ses doctrines d'amour et de pardon ! silence, pour quelque temps à ses prières, à ses larmes, à ses miséricordes ! Elle abdique son rôle philosophique de tendresse et de passivité, elle échange sa robe étoilée contre une cuirasse, son rayon contre un casque, son sceptre divin contre une plume, ses allures dogmatiques contre les habiles stratégies de la polémique ; elle marche, armée de toutes pièces, à la rencontre de l'esprit ultramontain. Elle repousse la force par la force. Elle se sert des armes qui frappent et contiennent les multitudes. Ses violences sont légitimes, ses colères sont saintes. Ses ennemis l'ont ainsi métamorphosée. Ils l'ont accablé d'ironie : va pour l'ironie ! Ils l'ont sifflée : en avant le sifflet ! ils lui ont jeté brutalement la pierre à toutes les sinuosités du chemin : Vive la fronde !

Reviens, Voltaire :

Où es-tu ? où sont tes fils ? où est ta royauté ? ton empire est en proie à des dynasties de plagiaires et d'apostats ; ton génie est englobé dans le domaine des pions crasseux de l'Ecole normale. La sarabande des nains et des eunuques déborde ton immortalité. On dévalise ta prose, on grapille dans ta science, on emprisonne ton esprit, on déguise les indigences et les défaillances de la critique moderne sous les grands airs de ton pamphlet. Des phénix de l'Université grattent nuit et jour sur ta tombe. Encore une monarchie qui s'en va que la tienne ! encore un sceptre qui roule sous le suffrage universel des boutiquiers ! Philosophe et prophète du libéralisme, hardi sapeur du libre examen, toi qui t'insurgeais contre les momeries, tu étais loin de deviner qu'en l'an de grâce de l'indépendance bourgeoise et des lampions démocratiques, on ferait de la banque avec ton nom, du fétichisme avec ta gloire, de l'idolâtrie avec ton impiété, de la friperie littéraire avec les débris de ta langue. Quand Paris, galant et académique, jetait des fleurs, des vers, des déclarations d'amour à ta vieillesse goûteuse et idolâtrée, tu croyais superbement que personne n'oserait reprendre ton rôle, entrer dans ton masque, faire une suite funèbre à ton œuvre ; tu te flattais de régner seul sur l'avenir par la toute-puissante majesté de ton fantôme. Ah! misère de la mort et du génie! fatalité du progrès des lumières! l'esprit d'analyse et d'insurrection que tu as déchaîné par le monde, se retourne contre toi avec de grotesques audaces. La race qui s'est ruée, en chantant, au sac des monarchies, des sacerdoces, des tabernacles, de tous les asiles de l'ancien dogme, heurte, dans son cancan révolutionnaire, le nez en trompette et le pied plat de ses nouvelles divinités. Le culte des pères de la liberté se célèbre dans un champs de foire... Viens voir, ô roi déchu, ton rictus qui se dessine sur les bouches idiotes des plèbes émancipées, la génération défrisée de 1830 et de 1848 qui rôde autour de tes statues pour en copier le profil narquois, ta plume qui se promène comme ta canne, ton laurier changé en pompon de garde national sceptique, *Candide* déguisé en chroniqueur de l'*Indépendance belge*, la singerie crânement campée sur tes chefs-d'œuvre, tous les trésors de ta philosophie et de ta critique dévastés par des grimauds qui se mirent dans ton idée éclatante et qui jouent avec l'arme aiguë de ton sarcasme. Viens voir, au milieu de ton école, le plaisant charivari des ambitions malades et des médiocrités lascives; ultramontains, gallicans, libéraux, socialistes, saint-simoniens, doctrinaires, universitaires, Haviniens, Veuillotins, Janicotistes, Grandguillotistes, font un bruit d'enfer autour de ton nom. Ne songes-tu pas à relever ton autorité parmi ces Maronites et ces Druses de l'Occident? à donner congé aux petits commerces qui grouillent à ton ombre? à dégager ton idée des parodies de l'Ecole libérale ? Ne trouves-tu pas qu'il est temps de sauver ta gloire de penseur et d'écrivain d'une émeute de singes qui veulent l'anéantir ou l'accaparer? Allons! montre-nous ton vrai masque et ton esprit, afin qu'on poursuive les contrefacteurs. Dans ce temps de bibelots et de potiches, de littératures mécaniques et d'arts conventionnels, il n'y a que toi seul qui puisse retrouver ta plume et ta canne ; reviens apprendre à tes fils dégénérés à rire encore, à lutter et à vaincre sous ton drapeau !

Reviens, Voltaire :

Tu croyais en Dieu, à celui qui n'est ni jésuite, ni janséniste, ni calviniste, ni anabaptiste, ni papiste! Tu croyais au sublime destin des peuples unis dans le dogme de la Providence et de la raison. Ce qui faisait ta force redoutable, ce qui t'a valu plus d'un pardon pour tes erreurs d'auteur tragique, c'était cette croyance souveraine, cette foi profonde. En bénissant le petit-fils de Franklin, tu prononçais cette poétique formule : « Dieu et la Liberté ! » Ton esprit s'exaltait dans cette immense vision, ton verbe philosophique et social planait dans cet éblouissant paradoxe. Sans songer à l'impossibilité d'une pareille alliance, tu bâtissais sur elle une splendide théorie de justice et d'amour. Ce Dieu de tes rêves ne descendait pas comme celui de Pierre l'Hermite et d'Escobar, à l'appel des passions politiques sur les champs de batailles. Ce Dieu ne correspondait, par aucunes ficelles de concordats, avec la tyrannie, et pour toi, pendant toute ta vie, la liberté a été une religion. Pour elle, tu affrontais la Bastille, la proscription, les colères soldatesques de Frédéric, les vengeances musquées de la cour de Louis XV. Tu l'as défendue contre les brutales interprétations de Jacques Bonhomme, les complots sanguinaires de l'inquisition, les sophismes des parlements. Dans les mots comme dans les idées, tu la voulais sage et grande. Dans le camp de tes adversaires, elle n'a jamais porté ombrage à ton génie. Quand elle trébuchait dans l'injure de sacristie, sous la plume de Nonotte, de Patouillet, tu savais la retirer de cette littérature bourbeuse, et la reconduire, en un trait de bon sens et d'esprit, à ses sources éternelles. Et tes fils qui exposent à la criée des journaux les plus jolis principes de bravoure et d'indépendance, vont sournoisement conspirer contre la liberté de la pensée et de la satire, dans les antichambres et les alcôves, se dénoncent entre eux à la gendarmerie et aux procureurs, appellent contre les franchises de l'esprit gaulois les réactions pudibondes de la morale bourgeoise, inventent et propagent la littérature policière ! Tes fils, après avoir essayé des réformes religieuses de Cousin, de Jouffroy, de Pierre Leroux, de Jean Reynaud, de Comte, de Taine, de Fourier, de Cabet, de Saint-Simon, finissent par tomber en adoration devant leur photographie.

Reviens, Voltaire :

Tu as plaidé, sans peur et sans reproche, dans le procès de la civilisation contre la barbarie, de la grâce contre la violence, du progrès contre l'immobilité, de la raison philosophique contre les dogmes lugubres de la théocratie. Roman, pamphlet, tragédie, prose et vers, politique, histoire, correspondances avec les princes, avec les reines de la main droite et de la main gauche, les papes, les chambellans, les comédiens de tous bords ; tout t'a servi d'arme, de massue ou de levier dans cette guerre de nivellement et de rénovation. Tu travaillais à l'incendie du vieux monde sous la tente hospitalière de ses défenseurs, et tu leur as mis plus d'une fois à la main la mèche allumée. Par toi, fut fondé le vrai pouvoir de l'opinion ; à toi commence la vigoureuse dynastie de ses agitateurs et de ses maîtres. Ton esprit libre est descendu sur Mirabeau, Condorcet, Beaumarchais, Helvétius, Diderot, d'Alembert, Turgot, Buffon, Byron, Napoléon, Béranger, Courrier, Heine, Proudhon, et jusque dans les doublures de l'âme de Louis Veuillot. Tous les grands critiques, tous les grands prosateurs, tous les révolutionnaires de la forme et de l'usage, procèdent de ton école d'analyse. Figaro a commenté souvent ton épître à Uranie. Child-Harold a rhythmé tes imprécations de philosophe. Mirabeau a traduit, à la tribune, ton mépris pour les rois ; et Napoléon, sur les champs de bataille, tes rêves de liberté pour les peuples. Avant toi la plume de critique militant, de journaliste d'avant-garde, était d'une médiocre portée : tu en as fait une arme de précision, une arme à feu dont le coup traverse toutes les régions sociales. Mais en bouleversant les vieilles stratégies de l'esprit et du langage, en secouant l'édifice du Moyen âge, en barbouillant de ta satire corrosive le ciel de l'antique foi, ta témérité était excusée par ta force, ton audace par ton génie, ton impiété par le délabrement des tabernacles. Les plus saintes choses s'en allaient alors en lambeau sous la profanation des prêtres et des fidèles. Tout en combattant pour l'avénement du bon sens religieux, pour la vulgarisation des lumières, tu ne cessais pas d'être aristocrate. Tu ne voulais pas d'une politique et d'une religion à l'usage de tout le monde. De ta république idéale étaient exclus les cordonniers et les servantes. Et tes fils, courbés sous des blessures qui ne leur viennent pas des grandes guerres de l'intelligence, pâlis dans des veilles qui ne sont pas celles de l'étude, l'œil bas, l'air caduc, se traînent à l'assaut des derniers autels que ta philosophie avait respectés. Amour, vertu, poésie, emblèmes que tout cela pour ce petit monde constitutionnel ! Grâce à leur libéralisme, les cochers et les cordons-bleus ont voix dans les affaires de la démocratie. L'aristocrate succombe sous le voyou. Les oracles de la religion et de la politique sont gravement rendus par d'aimables faubouriens. Le trépied sacré est occupé par des millions d'ânes, que les révolutions ont transformés en hommes libres. Tes fils, à force de démocratiser la pensée, l'ont abrutie, d'universaliser la lumière, l'ont viciée, de semer le droit, l'ont perdu, d'humaniser Dieu, l'ont réduit, pour leur usage, à un simulacre.

Reviens, Voltaire :

Tu n'as appartenu qu'à un parti : celui de la Vérité. A la cour de Louis et de Frédéric, chez la Pompadour, dans les boudoirs de la Régence, dans les prisons, dans l'exil, au château de Cirey, la Vérité a été ta première maîtresse. Pour cette Minerve invincible, tu as sacrifié ta liberté, tu as pirouetté sur l'amour et l'amitié. Chambellan et non valet, gentilhomme et non faquin, tu t'es servi des honneurs pour lui frayer passage à travers ses ennemis. Tu la présentais partout, aux rois et aux peuples, sous sa forme riante ou sévère, tu ne te prosternais que devant son image impérissable. Et tes fils ont sauté, sans vergogne, de partis en partis, de fidélités en fidélités, de professions de foi en professions de foi, aux applaudissements d'un parterre de journalistes et de bourgeois qui ne veulent voir, dans ces désertions, qu'un déplacement de drapeau. Aujourd'hui libéraux, demain rétrogrades, ici athées, là marguilliers, endossant, en un tour de cadran, toutes les défroques de la philosophie, de la théologie, de l'éclectisme, du néo-catholicisme ; prêchant hier que la religion romaine n'a plus que trois cents ans de vie dans le ventre, à cette heure complétement convertis à la cause de cette religion et de ses prêtres qu'ils ont insultés à la tribune et dans la presse, ils ont battu tous les trottoirs et tous les marchés de la corruption. Après s'être déguisés de philosophes révolutionnaires en chroniqueurs galants, après avoir célébré les femmes de la Fronde et de la Régence, la licence, l'adultère, les descentes de cœur et de matrice, la galanterie sous les brillantes espèces de la Parabère et de la Dubarry, l'abâtardissement de la noblesse française sous la louange dythirambique de Mmes de Longueville et de Montespan, ils sont prêts, en 1860, à adorer les *Hosties sanglantes!* Et voilà les hommes qui doivent sauver les républiques ou les monarchies ! voilà le nouveau *Bataillon de la Moselle* qui marche au secours de la Morale et de la Foi !

Reviens, Voltaire :

Le siècle n'est plus trop jeune pour te lire. Il a, sur sa tête et dans le cœur, soixante ans de négations et de parodies. Tes hommes sont nés et plus que mûrs : dans leurs consciences roule une multitude de constitutions et de révolutions rentrées. Mais où est la sérieuse rénovation annoncée par tes prophéties ? Je cherche sous la croûte épaisse de notre macaronique bourgeoisie, des signes de vie, de la sève et du feu : je ne rencontre que le guano du mercantilisme. Était-ce donc pour mettre en ébullition cette démocratie obtuse et intolérante que tu as

lancé ton esprit de liberté à travers les siècles ?
Rêvais-tu, pour l'âge d'or que tu saluais en mourant, les patriotismes volages de Joseph Prudhomme, les libertés idiotes de Calino, la littérature réaliste, la musique de l'avenir, la musique en chiffres, les pianos-billards, les orgues à vapeur, les religions humanitaires, les corsets plastiques, les républiques honnêtes et modérées, les pompiers politiques, les fastueuses bouffonneries de la garde nationale, la souveraineté du nombre, le spiritualisme des baïonnettes ? Si la révolution doit aboutir à ce déballage, si, dans le temple du progrès scientifique et industriel, on ne doit entendre, comme hymne sacré, que le bruit cadencé de la vapeur et du piston, c'était bien la peine d'effondrer le Passé avec ses poésies immaculées, d'agrandir et d'émanciper l'âme humaine, après l'avoir chassée des asiles où elle pouvait aimer et chanter encore. Oui ! vraiment ton esprit a entraîné aux refrains des chansons narquoises, sur les épiques champs de bataille, les héros déguenillés de Dumouriez et de Marceau, les légionnaires de la République et de l'Empire. Ton rire strident passait dans les fanfares des vainqueurs de Fleurus et d'Arcole, dans le glas des monarchies. Le bivouac de la France révolutionnaire retentissait de ta philosophie hautaine et ironique, de tes lyriques espérances d'amour et de liberté. C'est encore ta violente et irrésistible religion du droit et des nationalités qui a battu l'Autriche orthodoxe à

Magenta et à Solferino. Mais après, quand les héros sont ensevelis dans l'histoire glorieuse, quand, aux chaudes journées des guerres d'indépendance, succèdent les froids lendemains de la critique, que fait-il, où va-t-il, ton esprit? Vois-le courir la rue, le bastringue, le comptoir de marchand de vin, ergoter dans la taverne enfumée, clabauder chez l'épicier, disserter chez la portière, fulminer chez M. Havin. En effet, tu nous as délivrés de la superstition des Dieux, des Anges et des Démons, tu as supprimé le tribut d'esclavage que la terre payait au ciel; mais, en échange, quel joli cadeau! En pleine civilisation, nous avons l'adoration de l'homme par l'homme, le culte de la Force et de la Peur. Regarde-les, ces bourgeois-cryptogames, nourrissons de ta philosophie, agenouillés piteusement devant l'horizon couverts d'orages, et priant sans avoir de Dieu! Contemple-les, ces bourgeois, chefs-d'œuvre de l'art des Cousin, des Thiers, des Lafayette, des Barricades et des Écoles normales, quêtant d'un œil hagard, dans le ciel muet, des signes d'espérance pour leur crédit qui souffre et leur maison qui ne va pas! Sont-ils assez brutes, ces fils de la Liberté et de la Philosophie, ces héritiers de trois immortelles Révolutions! Ils ne savent plus à quel saint ni à quel diable se vouer dans leurs détresses matérielles, car ils ont chansonné toutes les puissantes Divinités de la Terre, de l'Enfer et du Ciel, car ils ont dansé le fandango de Parny, de Piron, de Pigault-Lebrun, sur tous les Olympes et tous les Golgothas. Mais, en revanche, ils ont foi dans tout ce qui reluit, ils mettent leur amour dans le galon et le plumet, ils s'accrochent et font crédit aux blagueurs, et se fabriquent des amulettes avec les moindres mots de leurs journalistes et de leurs financiers en vogue. L'ignorance, l'intolérance, la superstition, sont encore debout, plus redoutables et plus tristes aujourd'hui que par le passé, car elles ont renié le gouvernement d'en haut, et elles se retranchent triomphalement sous ces deux grands mots : philosophie et liberté !

Reviens Voltaire :

Les miracles reviennent! les fureurs religieuses aussi : miracles d'un nouveau genre, fureurs d'une autre Eglise. Prends-garde à toi, Voltaire ! ta mémoire n'est plus en odeur de sainteté au milieu des cénacles doctrinaires. Un complot se trame contre ton nom dans ton propre parti. Entends-tu une sonnerie dans le lointain? Ne dirait-on pas celle des matinées de la Saint-Barthélemy? Devine, si tu peux, quels sont les hommes qui font ce carillon? Tes lettres philosophiques risquent fort d'être encore jetées sous le fagot. Et par qui? Par la main du bourreau? Non. Par Montalembert, Veuillot, de Falloux, Lacordaire, Dupanloup, Janicot, de Riancey, Coquille? Non. Ces hommes-là se soucient peu de ton prosélytisme. Par qui donc? Par tous les faux puritains de ton école, par les grandes queues rouges du libéralisme, par ces éminents farceurs qui se nomment : Thiers,

Guizot, Cousin, Villemain; par les coryphées orléanistes en retrait d'emploi; par les ex-mangeurs de jésuites; par les Pères conscrits de l'ancien *Constitutionnel* qui ne juraient que sur ton impiété, et qui mettent aujourd'hui leurs consciences malades et leurs plumes détériorées au service d'une religion qu'ils ont battue en brèche. Oui! les miracles reviennent et à foison. D'abord la France a été sauvée je ne sais combien de fois depuis 93! Je renonce à nommer tous ses sauveurs. Miracle, archi-miracle, la naissance de Dieudonné duc de Bordeaux! Miracle, la fuite de Louis-Philippe! Miracle, la longévité des traités de 1815! Miracle, l'existence de la Belgique et de l'Autriche! Miracle, la patience de la France en face des insolents roitelets de l'Allemagne! Miracle, l'alliance anglo-française! Miracle, l'avénement du poncif Saint-Ybars, au poste de garde champêtre de la république des lettres! Je ne puis, faute d'espace, achever l'inventaire des faits et gestes de la Providence, en matière politique et littéraire. Mais le plus étonnant, le plus renversant, le plus abracadabrant, le plus effrayant miracle, dans ce siècle d'incrédulité légère, n'est-ce pas l'élévation des directeurs et rédacteurs en chef du *Siècle*, du *Constitutionnel*, de *la Patrie*, du *Pays*, aux fonctions de souverains pontifes de l'opinion publique? Ah! vous êtes aveugles et difficiles si vous ne distinguez pas, dans cette élévation, un merveilleux signe des temps? Miracle, vous dis-je, auprès duquel celui de la Salette n'est que de la faridondaine ! Miracle de la plus belle source, phénomène des phénomènes, quand on voit le salon, la bourse, le commerce, la haute société, le bas peuple, commenter sérieusement, accepter avec une foi absolue les moindres paroles, les moindres actes de ces derviches ou de ces histrions perchés au pinacle du journalisme ! Comme du temps où Crébillon et Florian accaparaient les enthousiasmes de la glose publique, on n'entend plus parler aujourd'hui que de *môssieu* Havin, de *môssieu* Guéroult, de *môssieu* Grandguillot, de *môssieu* de Cassagnac, de *môssieu* Limayrac !...

Reviens, Voltaire :

Ah ! oui, tu as travaillé pour le *roi de Prusse!* Tu avais légué à tes héritiers l'amour des lettres, la passion des idées, la religion du devoir, des codes élégants de plaisir, des législations complètes d'orgueil et de bon goût. Tes Egéries ne sortaient pas du menu féminin. L'art et la noblesse escortaient chez toi la volupté. Depuis la duchesse de Richelieu et la marquise du Châtelet jusqu'à Laura Harlay, Olympe Dunoyer, mademoiselle de Livry, Adrienne Lecouvreur, la Duclos, Corsambleu, ta romance amoureuse n'eût rien de banal. Au château de Cirey et aux *Délices*, ta muse lutinait dans les aristocratiques domaines de l'esprit et de la grâce. Hélas ! où vont-elles se nicher les âmes folâtres et libertines des cocardiers de ton école ? A quoi se réduisent leurs passions ? A l'entretien de quelque bacchante des

Variétés, du *Palais-Royal*, des *Délas.-Com.*, du *Château des Fleurs* ou d'*Asnières*. Quel est le glorieux sujet de leurs chroniques ? L'intrigue de ces Saphos qui balaient le boulevard de leurs robes taillées dans une draperie nauséabonde, ou qui lèvent la jambe jusqu'aux frises de la scène. Amours, vices, vertus, poésie du corps et de l'âme, ils ont tout écourté, tout défloré, tout violé, tes prétendus héritiers. Leur impiété n'a pas plus d'énergie que leur débauche, leur littérature n'a pas plus d'avenir que leur politique. Critique sans âme, insolence sans logique, vices sans poumons! mais leur toupet est superbe. Sais-tu ce qu'ils disent, après avoir dédié des statues, des tableaux, des livres, des théâtres, leur littérature et leur cœur à *ces dames*, après avoir prié au pied du lit de ces prêtresses du petit verre et du culot de pipe, chanté la palinodie chez Mécène et chez Lydie? Ils disent que la France littéraire n'a pas de plus bel ornement que leur esprit, de plus noble espoir que leur jeunesse; ils se vantent de marcher ainsi sur les traces des grands maîtres ! Que penses-tu de cette jeunesse-là ? Tu te cachais quand tu voyais mourir celle de ton époque; tu étais honteux, disais-tu d'être en vie ! Sublime acte de contrition et d'espérance tombé des lèvres de ta vieillesse ardente ! La jeunesse d'alors, c'était la lutte, la foi, l'audace, le sacrifice, l'aspiration immense vers la liberté, c'était la vie. Chaque bras, chaque âme, enlevés à cette génération précoce, était une vertu de moins pour les combats de l'avenir, pour l'œuvre gigantesque de la révolution française. Mais la jeunesse philosophique et politique de 1860, la jeunesse des journaux et des théâtres, des estaminets et des magasins de mode, que représente-t-elle presque toujours? Ah ! ne m'en parlez pas. Qu'on interroge les limonadiers, les tailleurs, les pharmaciens ! Elle ergote, elle ricane, elle s'entortille de sophismes et de flanelle, pendant le réveil des nationalités européennes. Le moindre fantassin lui fait honte !

Reviens, Voltaire:

Oui, reviens délivrer ton esprit de l'esclavage des factions politiques, philosophiques et littéraires, restaurer dans son vrai sens ta popularité. Reviens donner un démenti aux journalistes qui te posent en évangéliste des épiciers, des marchands de vin, des cordonniers et des servantes, en précurseur de la liberté démocratique. Reviens écraser *l'Infâme!* Il a changé de nom et de sphère : ce n'est plus le despotisme sacerdotal, la corruption royale, la cour galante, l'inquisition, la théocratie, c'est plus petit ! *L'Infâme* que tu as voulu écraser a disparu avec les monarchies; l'autre surgit avec les démocraties. Il commande dans les théâtres, il règne dans les feuilletons, il se pavane à la Bourse, il mange du veau et philosophaille à la barrière ; il tient le haut du pavé de la civilisation. Mais quand tu auras confondu et bâillonné le monde infirme et grotesque né de ta philosophie révolutionnaire ; quand tu auras chassé de tes domaines les aigles patus de l'Ecole normale ; quand tu auras fait justice de ce plagiat politique et littéraire, auquel tu ne songeais pas au milieu de ta cour de princes, de savants, de poëtes, de femmes charmantes, va-t'en, Voltaire. La royauté de l'esprit humain ne t'appartient plus. Je me défie autant des résurrections que des restaurations; je n'ai aucune foi dans l'indépendance des revenants. Je te crois capable, si tu reparaissais en chair et en os, de renier ton passé, de te convertir à la politique frileuse des libéraux, d'écrire dans la *Patrie*, le *Siècle*, l'*Opinion nationale*, et même dans la *Nouvelle*. Le goût de la vie te rendrait peut-être complaisant au point d'admirer et d'imiter le style des élèves de l'Ecole normale, de signer les articles du grand Havin, de faire endosser les tiens par l'universel Tranchant ou par le splendide Jules Mahias. Et puis tu pourrais fort bien nous donner de nouvelles éditions de la *Henriade*, de la *Pucelle*, d'*Artémire*, de *Brutus*, d'*Œdipe*, d'*Adélaïde Duguesclin*, du *Siècle de Louis XIV !* Grand merci! Non, ton pamphlet ne suffit pas à l'œuvre de l'esprit moderne. Les peuples ont besoin de s'orienter à une autre lumière que celle de l'Ironie. Il est temps de proclamer une autre doctrine religieuse que celle de la guerre contre le trône et l'autel ! La sape et le niveau d'une philosophie matérialiste ont assez passé sur les cœurs et sur les intelligences. Nous avons assez perdu de temps et de jeunesse à vociférer en l'honneur des immortels principes de 89 et des mytiques

Eden de la Révolution. Aujourd'hui, il s'agit moins de démolir que d'édifier. Au théâtre, dans l'atelier, dans les arts, dans les lettres, il faut surtout provoquer une rénovation, fonder la foi profonde. La liberté peut nous aider à cette œuvre : mais nous avons besoin de la Poésie et de l'Amour. Qui nous remettra sur leurs traces? qui nous rendra ces deux forces? Ce n'est pas toi, Voltaire.

Paris, 5 septembre 1860.

TABLE DES JOURNAUX.

Pages.

Abeille (l')	117
Actualités agricoles	65
Advertiser (the)	158
Advertissements (Petites-Affiches anglaises)	109
Algérie agricole (l')	121
Ami de la Religion (l')	79
Ami des Livres (l')	184
Ami du Foyer (l')	230
Annales du Sacerdoce	108
Annales de la brasserie	118
Année dominicaine (l')	140
Ange de la Famille (l')	160
Assistance (l')	231
Audience (l')	95
Bargis-Baris	120
Bellorama	120
Bourgeois de Paris (le)	240
Bulletin du libraire et de l'amateur de livres	82
Bulletin de la Guerre	105
Bulletin de la Marine	158
Bulletin de la Librairie de province	83
Bulletin de l'Armée	107
Campagne (la)	230
Caucase (le)	91
Causerie (la)	37

Causeur (le)	74
Causes célèbres de tous les Peuples (les)	84
Chapelle (la)	135
Contemporains populaires (les)	140
Chronique de la Guerre d'Italie (la)	119
Coulisses (les)	83
Courrier de l'Amateur (le)	67
Courrier dramatique (le)	162
Courrier (le)	136
Courrier des Théâtres et des Arts (le)	123
Courrier de la Guerre (le)	118
Courrier de l'Armée (le)	110
Croisé (le)	143
Croix (la)	56
Culture (la)	122
Curieux (le)	26
Daumont (la)	56
Écho du Monde (l')	168
Écho de l'Armée (l')	119
Écho du Commerce (l')	190
Écho du Monde catholique (l')	231
Éducateur populaire (l')	232
Émulation (l')	139
Espérance (l')	193
Estafette de la Guerre (l')	122
Estafette des Théâtres (l')	162
Exhibition (l')	122
Figaro-Revue	84
Figaro-Revue	89
Fine Causerie (la)	141
Foyer des Familles (le)	56
France coloniale et maritime (la)	74
France hippique (la)	90
France agricole (la)	184

Gaulois (le)	248
Gazette du Nord (la)	185
Gazette des Beaux-Arts (la)	31
Gazette des Campagnes (la)	104
Guerre d'Italie (la)	118
Guide du Carrossier (le)	135
Guttemberg (le)	161
Harmonie (l')	48
Hydrothérapie (l')	161
Indicateur des mariages de Paris (l')	161
Industrie nouvelle (l')	230
Italie (l')	101
Jehan Frollo (le)	25
Journal des Curés, des Villes et des Campagnes (le)	65
Journal de la Semaine (le)	83
Journal d'Agriculture et du Commerce (le)	90
Journal des notables Commerçants (le)	95
Journal de la Guerre (le)	109
Journal du Progrès des sciences médicales (le)	143
Journal de Paris (le)	193
Journal des Soirées de familles (le)	158
Magasin d'Illustrations (le)	73
Magasin militaire des Français (le)	140
Mémorial diplomatique (le)	49
Mercure galant (le)	66
Monde commercial et industriel (le)	25
Monde thermal (le)	81
Monde artiste (le)	139
Monde religieux illustré (le)	119
Monde utile (le)	229
Moniteur des chemins de fer (le)	67
Moniteur des Travaux publics (le)	79
Moniteur des Familles (le)	89

Moniteur de la Presse et de la Librairie (le)	100
Moniteur de la Sucrerie (le)	105
Moniteur des Sciences médicales et pharmaceutiques (le)	139
Moniteur des Expositions (le)	162
Nation (la)	135
Nouveauté (la)	119
Nouvelles Annales d'Agriculture (les)	121
Nouvelles de Paris (les)	242
Office central (l')	107
Opinion nationale (l')	162
Paris-Nouveau	26
Paris-Journal	92
Pain quotidien (le)	121
Parizer-Zeitung	160
Paris qui s'en va et Paris qui vient	254
Petit Zou-Zou illustré (le)	122
Petit Courrier français (le)	136
Petite Presse (la)	136
Propagateur scientifique et littéraire (le)	140
Quart d'Heure (le)	66
Rasoir de Figaro (le)	109
Réveil de l'Orient (le)	233
Revue européenne (la)	57
Revue des Causes curieuses de la Semaine (la)	65
Revue agricole de l'Angleterre (la)	82
Revue critique (la)	110
Revue internationale (la)	152
Revue industrielle (la)	185
Revue algérienne et coloniale (la)	230
Revue d'Economie rurale (la)	232
Roman (le)	159
Salons de Paris et le Réveil réunis (les)	67
Salon et la Mansarde (le)	90

Science des Mères (la).	94
Semaine illustrée (la).	185
Silhouette (la)	244
Trompette de la Victoire (la)	120
Union chrétienne (l')	231
Vie moderne (la)	231
Victoire (la).	131
Zouave (le)	110

FIN.

PARIS. — TYP. DE DUBOIS ET ÉDOUARD VERT,
Rue N.-D.-de-Nazareth, 29.

www.ingramcontent.com/pod-product-compliance
Lightning Source LLC
Chambersburg PA
CBHW050635170426
43200CB00008B/1032